新版

「孤独」が男を変える

里中李生
Satonaka Rishou

フォレスト出版

はじめに

歴史的な人物で「孤独」の代表は誰だろうか。

ヒトラーには友人がいなかったことで有名だ。

いや、彼は異常な独裁者だった。参考にならない。

織田信長はどうか。

崇拝されていたと思うが、家臣に恐れられ、彼らとワイワイやっていた印象はない。

孤高の武士、孤独だったかもしれない。

尾崎豊はどうだろうか。私見では、彼は孤独だったのではなく、「孤立」していたように思えるが、彼が孤独だったとして、それでも名曲の数々を創っている。

文学や哲学の大作を書いた偉人たちは、数年間、部屋にこもったりしていた。孤独になることは、とても生産性の高い行動なのである。孤独とは一人で努力して何かを創ることであり、ニートのことではない。

本書のテーマは**「孤独が男を変える」「男を強くする」「賢くする」**というものだ。

あなたは「孤立」はしてはいけない。だが、一人になるのを恐れて、仲間欲しさに群れていては、絶対に後悔をする。「時間の無駄遣いをしてきた」と。

あなたの命は永遠ではない。なのに、時間の無駄遣いをなぜするのか。

人が精力的に活動できるのは50歳か60歳までだろう。しかも、20歳までは学生だから、社会に出てからは、30年あまりしか社会貢献や家族のための活動ができない。

近年、その30年あまりの時間に、無駄なことをしている日本人がとても増えた。20歳から50歳までの人たちが、仲間を作りたいのか、新種の日記か知らないが、フェイスブックやツイッターに熱中しているのだ。

目的は友達を作りたい事、誰かと繋がっていたい事と確定している。

しかし、「いいね！」が増えても何も残らないのだ。なぜわからないのか。

あなたに仲間がいっぱいいるのは、あなたが成功していないからである。

男女どちらも、成功すれば友達が減っていくものだ。

お金持ちの男と結婚した女性は、高校時代の友人を失う。

男が少し成功してくると、平凡なままの古い仲間や友人たちが、こんなことを言い出す。


「昔は女にモテなかったのにな」

「おまえ、昔貧乏だったろう。女からお金を借りたこともあったよな」


親戚の連中はこう言うだろう。

「おまえは子供の頃、落ちこぼれだったが、世の中わからんものだな。まぐれってあるんだな」

こう嫌味を言われるのが成功しはじめた証拠。

成功した彼は、嫉妬心をむき出しに嫌味ばかり言うそんな友人たちと絶縁していく。自然と、友人は減っていく。すると、さらに向上していくのだ。無駄な友人や仲間が減ったら、勉強する時間が増えるからだ。

当たり前である。


あなたが成功をすれば、その成功した世界で価値ある知識と糧になる友人ができる。それまでは我慢することだ。フェイスブックに熱中することを。ランチの料理をＳＮＳに投稿している暇があったら、文庫本の数ページでも読んでみてはどうか。

私は今、プラトンを読み返している。

理にかなった哲学と理論で勉強になる。

昔の友達などいない。作家になってからの編集者。熱心なファンの女性と、私の過去を知らない、あるいは口にしない男たちだけが戦友のようにそばにいる。それがとても心地よい。

「愛されている」という感覚で、「この生き方で良かった」と安堵する。

学生時代の仲間と飲み歩いてばかりで、「愛されている」と感じるだろうか。

「飲み歩くのはたまにだ」と反論すると思うが、飲み会がない時は毎日SNSではないか。

平日はSNSなどで友達作り。休日はイクメン。妻と子供にベタベタで、いつ1人でじっくり物事を考える時間を作っているのか。あなたはいずれ、考える力を失くしてしまう。

男が変わる方法は、贅肉をそぎ落とすことだ。ダイエットと同じである。

自ら孤独を目指すのがよい。

1人の部屋で勉強している時間。

どんどん自分に知識が増え、創造力が増していくことに感動するはずだ。

里中李生

第3章

孤独を恐れる13の「負の感情」の壊し方

第4章 「孤独になりたくない」ではあなたは一生成功できない

第5章

「男の孤独」には確固とした哲学が必要だ

ブックデザイン　小口翔平＋山之口正和＋永井里実（tobufune）
DTP　キャップス
校正　鷗来堂

第1章

「いい人」の殻をぶっ壊すと「本物」が寄ってくる

群れる男はバカになる

飲み会を繰り返す男は大成しない

私はプライベートのフェイスブックはやめたが、以前にフェイスブックなどを見ていたら、セミナーのような集まりの飲み会の写真がよく投稿されていた。今もインスタグラムなどで同じような光景が見られるから変わっていないのだろう。

勉強会をした後の一杯だろうか。

それが一年に一回くらいなら大賛成なのだが、私の見立てではそうではないようだ。

あくまでも私の経験上の話だが、**お酒が入った飲み会やパーティー、繰り返し繰り返し行われるお酒が付いているイベントは、人を何も進化させない。**

勉強会の他にも、サッカーのサポーターが集まっての試合後の飲み会。定期的に行われる会社の飲み会。学生時代の仲間が集まる飲み会は、ずいぶんと頻繁に行われている印象が強いが、大学に行っていない私には分からないから、編集者に聞いてみたい。

ちなみにセミナーは中心になって喋《しゃべ》る人がお金を稼いでいるのだろう。どこかの小娘が偉そうに成功論やお金の稼ぎ方を喋っている写真とテキストを見たが、私はそんな仕事はしていない（質素に講演会はする）。

セミナーか何かの勉強会の後に、飲み会をやって宣伝する意味は、考えなくても分かるだろう。「楽しそうでしょ。あなたも参加してください」という意味でしかない。

それとも、レストランの料理の写真をスマホで撮って投稿する、今の時代の条件反射的な行動と同じで、成功セミナーの後の飲み会の様子をＳＮＳに投稿しているのは、なんら意味がないのだろうか。楽しむのがその目的であって、写真を投稿するのも楽しいのだろうか。しかし、「拡散してほしい」とは仲間を増やしたいのだろう。その目的は何か。

私は若者に対して、**ＳＮＳの交流会にはあまり意味がないぞ、**とアドバイスをしている。本音は、「儲《もう》ける方法を覚えたい」のだろうが、その是非は語らない。

彼らは総じて、「仲間を作りたい」とか「交流したい」と言っている。

しかし、飲み会のお酒は体調を悪くする。

しかも、酩酊《めいてい》すると人の話も聞けない。

「そんなことはない。いろんな人と出会えて勉強になった」

あなたは聖徳太子か。恐らく酔った状態では一人か二人の話しか覚えていないだろう。名前も知らないままだ。

酒を飲んで騒ぐ。「俺には友達が多い」「仲間がいっぱいいる」。その思い込

みとそれを繰り返し実行する生活が、あなたの成功を妨げている。

「友達を作らなければいけない」「仲間がいないと寂しい」と思うのは、あなたが孤独を怖がっているわけだが、**人間は、孤独になればなるほど、能力を発揮するし、仕事にも集中できる。**

「私の友達は本だ」

という男が勉強に強いし、**「私の友達は仕事だ」という男が出世していく。**

妻には嫌われるかもしれないが、そこは柔軟になれと言いたい。「私の友達は仕事だ」と言いながらも、妻に優しくすることはできる。

大衆の８割は無能だ

具体例を出すべきか。

テレビドラマで人気の『相棒』はコンビで事件を解決する。

群れている様子はないが、どうだろうか。事件を解決したら一人で、飲み屋に行っているのを見たことがある。

トップアスリートは孤高の闘いを強いられていて、結果を出す。

彼らはよく、「仲間に支えられた」と口にするが、飲み会を繰り返しているわけではないはずだ。私の中では「若いうちに遊んでいる噂《うわさ》のある選手はトップに届かず」ということだ。

成功者がお金にモノを言わせて、バカ騒ぎしていることはあるが、彼らはもう成功したから、苦労した時代のストレスを発散しているのだろう。それをテーマにした本も私は書いている。

しかし、SNSを利用した多くの飲み会では、若者が集っている。または、「今から成功したい」と遅くに目覚めた30歳から40歳の男たちだ。女性もいるかもしれない。彼らは、成功へ今、向かっている道のりではないのか。

なぜ、酒を飲んでいるのだろうか。

名称はいっぱいある。

「交流会」「オフ会」「出会い系」「懇親会」「なんとかパーティー」

何を模範にしてそれを始めたのか。

織田信長が宴が大好きだっただろうか。

ドラッカーが飲み会を勧めているだろうか。

ニーチェやゲーテやルソーが交流パーティーの価値を論じているだろうか。

飲み会とは害が多い習慣の一部で、「大人になったらこれに参加しないといけない」と父親を見て覚えたところがあり、突出すべき行動ではない。

誰でもやっていることなのだ。


私は大衆が好むものは疑う。

大衆の半分……いや8割は考える力がない。

彼らが好むものは、正直、自分の身にならない。

ここでどこかの大衆志向のイベントや食べ物、ファッションなどを例に挙げると、私が叩かれるので割愛したい。大衆志向も「たまにはいい」のだ。そう何度も言っているのに、もう懲り懲りだ。大衆は凶暴で困る。言葉の暴力は時に人を死に追いやる。SNSの大半は悪口だ。凶暴とはつまり「知性がない」という結論に至る。大衆は知性がないのである。

こんな切り返しも見られる。

「友達がいないから仲間を作りたい。そのための行動です」

それは迷惑だ。いい歳をして友達がいない人間は、空気が読めないわけだ。会話が下手くそで、飲み会に出ても相手にされることはない。

残念だが、友達も彼女も何十年もいないという男が、フェイスブックの集まりでは友達を作れるという奇跡はない。マイノリティな趣味嗜好があって友達ができないなら、そのマイノリティの集まりに参加すればいい。けしてマイノリティを差別しているわけではない。私にも少しおかしな趣味はある。

マイノリティではなく、一般的な趣味嗜好を持っていて、特別に醜い顔でもなく、なのに友達ができない人は、場を凍てつかせる発言をしてしまう悪癖があるから、**もうあきらめて、孤独に戦う仕事をするか、たった一人の理解者を**

作ればよい。

「奇跡の出会いを求めている。親友がほしい。または恋人がほしい」ということだろうか。

厳しい話だが、奇跡の出会いが、段取りのついた飲み会やSNSから生まれる事は稀《まれ》だ。奇跡が生まれるまで何回も利用しないといけなくて、その時間が無駄になる。

「男の友情」を美化しすぎてはいまいか

『友情論』を少し語ると、**男の友情を美化する輩が多すぎる。**気持ち悪い。

「あれは友情だったのではないか」と思って若い頃の出来事を小説化する老齢の作家もいるだろうが、題材にされた本人たちは亡くなっているから本当かどうか分からない。墓石の下で、「なんでおまえと親友になっているんだ」と、びっくりしているかも知れない。

無頼派の作家は特に、「友情」にこだわるが、きっとかっこいいと思っているのだろう。確かに、「男同士の見返りを求めない友情」はとても美しい。本気の涙を流すものだ。

だから、それがあるに越したことはないのだ。

あなたに、「無二の親友」がいればそれは大変素晴らしいことだ。

ただ、私は、

「無理に親友や仲間を作りたいと思うのが滑稽《こっけい》だ」

と言っているのである。誤解しないでほしい。

その堅い堅い絆《きずな》で結ばれる男同士の友情は、奇跡によって生まれるものであり、あなたたちが安易に得られるものではない。そして、人生にその奇跡が起こらなくても、いっこうにかまわないのだ。

ふと、こんな声が聞こえる。

「おまえには親友がいないから、僻《ひが》んでいるのではないか」

そう、私には親友はいないかもしれない。だから、親友や友達がいっぱいほしい人は、その類の本がたくさん売られているからそれを読めばいい。

私には長く付き合っている編集者もいるし、「もうすぐ死ぬから、里中さんとまた仕事をしたい」と言ってくる男もいる。「オーストラリアに住まないか」と誘ってくれる友人もいる。彼らを「親友」「友達」と言っていないだけである。

親友を無理に作る必要はないと悟ったのは29歳くらいのことだったから、けっこう気付くのが遅かった方で、とても悔やんでいる。あの頃は、作家志望の仲間を作りたくて、無駄な飲み会やイベントに参加して傷ついてきた。今のあなたと一緒だ。

「俺は傷ついてないぞ」か。

今に傷つく。会う人、会う人が良心的で男気があって、なんら計算高くなく、決して人の悪口を言わない、なんてことは絶対にない。

飲み会の多い三流企業も、その社員たちは疲れ切っている。今日は本社からの人と飲み会。来週は同じ部署の人たちと飲み会。今日は何もないから、家に急いで帰らなくていい人たちと飲み会。

忘年会や送別会以外のほとんどが『居酒屋を助ける会』だ。

人が集まって飲んで騒ぐ。

それをしたいなら、はっきりと「ストレス発散のため」と言い切ってほしい。ストレスがひどい時代なのはストレスに蝕《むしば》まれている私がよく知っている。

だから、飲み会を全面否定しているのではない。

勉強のための飲み会も、奇跡の出会いを求める飲み会も、「たまに」にしてはどうだろうか。年に2回くらいだ。

先ほども触れたが、私はほとんどの著作で「たまにはいい」と書いている。

そして真の友情とは自然に生まれるものであり、誰かに段取りをつけてもらった飲み会で、奇跡の出会いがあることは稀だと、繰り返し忠告をしておく。

成功する男は必ず「孤独」を経験している

男なら絶対に「自分への怒り」を持たなければならない

最近よく、怒っている人を見かける。

店でバイトをしている女の子を恫喝《どうかつ》している男。若い女子社員をいじめているおばさん。有名人を中傷している男……。

彼ら、彼女らは間違いなく頭が弱いのだが、意外とそんな人たちが孤立していることはない。孤立していたら会社でも干されるか、どんなに頭が悪くても、「自分は嫌われている」と分かって、口数も減るはずだろう。だが、口の悪いおばさんはひょっとしたら、自分の醜悪さに気づいていないかも知れない。

私の昔の知り合いで、公共マナーを一切守らない男がいたが、彼にも友達は多くいた。私からは見放されたが、飲み友達、ギャンブル友達、仕事仲間がいっぱいいいたものだ。


「自分は○○友達が多い」と思ったら、ひょっとするとあなたには何か重大な欠点があるかも知れない。醜悪な欠点だ。


さて、この序説は「怒り」について、勘違いをされないために書いた。

他者を怯《おび》えさせたり、気の弱い人間を追い詰めたりする怒りはあきらかに良くない。

逆に、きちんと生活していて、「もっと自分を律さないといけない」と頑張っている人間の怒りの話をしたい。

人が頑張っている様子は、それをしたがらない人たちから見ると、面倒臭いし暗い。

しかし、**「自分を律する」という自分に対する怒りは男なら絶対に持たないといけない。まず、**

「俺は不甲斐《ふがい》ない男だ」

と怒らないと、その男は成功などしない。

私の読者の男たちで、「僕はダメな男」「お金なんか稼げない」「女の子にモテない」と言っている彼らにある共通点は、「自分に対して怒らない」ということで私の中で確認がとれている。

怒らない代わりに、あきらめて何かを見るだけの趣味に遊んでいるか、飲み食いに没頭しているものだ。人生に本気を出さないともいえる。

「残りの人生は子育てに専念する」

と40歳くらいの男に言われたら、まだ野心がある私が萎《な》えてしまう。

常に、「俺はやってやる」と気合満点の男が私は好きなのだが、**「俺はなんてバカなんだ」「まだまだこれからだ」という自分に対する怒りは、繰り返すが**

私は好きだが、実は人を遠ざける。若い時は遊びたい友人たちがいなくなり、中年以降は気力を無くした友人たちが煙たがる。

「おまえ、早く大人になれよ」

とか言われるのだ。批判する人間はなぜか「力を無くした自分は偉い」という態度である。

世の中の多くの人たちは、「楽しければいいじゃん」「暗いのはお断り。楽に生きよう」と頑なに思っている。

田舎の畑で野菜作りをしている、明るく生きることがモットーの親戚《しんせき》の人に、「僕は自分の情けなさに絶望している」と相談に行ったら、その時は適当に話を聞いてくれるかも知れないが、後で悪口を言われるだろう。

自分に怒っている人間には「才能」がある

「俺は自分を変えたい。もっと器の大きな男になりたい」

と奥歯を噛《か》みしめて語っている男は、その気がない人間には不愉快ということだが、逆に言うと、すでに成功した男や、強い野心を持っている成功者予備軍の男たちからは歓迎される。

成功者や成功者予備軍は周りに少なく、自分が孤独にあるような錯覚をするが、それでいいのだ。男は、孤独な状態が「よし」なのである。

有名漫画の例でわかりやすく解説しよう。

『北斗の拳』を知っているだろうか。少し古いので、若い人たちは知らないかも知れない。

北斗神拳という武術を極めるための旅をしている孤独な男の物語である。

「怒りが俺を強くする」

とケンシロウという主人公が語っている。彼の怒りは愛する女を守れなかった自分の弱さに対する怒りと、無法者たちに対する怒りである。その無法者たちは仲間がいっぱいいて、悪者同士でつるんでいる。一方のケンシロウには歳の離れた少年と少女しか友達はいない。

拳を交えた友人はどんどん死んでいく設定でもあるが、この孤独な戦いが彼をますます強くする。

あなたとあなたの周囲はどうなっているか。

バカ騒ぎをする友人知人がいっぱいいて、毎晩のようにカラオケ三昧《ざんまい》。女の子に手を出して、酔って街に出ると、時にはケンカもしてしまう。

もし、あなたがそういう男なら、ケンシロウに殺されていく無法者たちということだ。そこまではバカではないと楽観しないでほしい。前項で述べたが、「〇〇交流会」三昧も似たようなものだ。

あなたがケンシロウならこうだ。**自分の夢のために勉強や仕事に励んでいて、遊び呆けてはおらず、理解してくれる友人も少ない。自分に怒っているが、弱いものには優しい**（ここでは女性としておく）。

あなたはケンシロウにならないといけないのだ。

そして、**あなたの周りにいる無法者たち**（友達と遊んでばかりの男）**は、決し**

て成功者になることはない。才能もないのだから。

自分に怒っている人間には、「少しでも自分を変えよう」という才能がある。

例えば女性で、「私はもっと美しくなりたい」と念じるように思っていればダイエットも成功する。長い期間あきらめずに思い続けるのだ。

「お腹はぽっちゃりしているけどこれでいいか」とか、「彼氏が何も言わないから、これでいいか」と楽観している女の子は美しくならない。

「才能がある人間」とは、自主的に自分を変える力を持っている。「○○さんに言われたからやります」という人間には才能はあまりない。

人の本質は決して変わらない。変わるのは考え方、外見、世界だ。英語の「チェンジ・ザ・ワールド」という言葉は個人に使われることがよくある。

あなたがこの本を読んで、「自分に怒って、自分を律する」と決意したとしても、それはあなたに才能があった事にはならない。私に言われてからやっと重い腰を上げているようでは話にならないのだ。

この先の自分革命は何をすればいいのかは、自分で考えることだ。

無害な「いい人」の仮面を外してみないか

対極にある「衣装」をまとえ

「いい人」「優しい人」「真面目な人」が女性にモテるようだが、正直、男としては役に立たない者がほとんどだ。

先日、電車の中でドアを殴っている男がいた。酔っ払いではなく、精神を患っているようだった。それを見て、私は女性客を守るために、彼に近寄って臨戦態勢を取った。カップルの彼氏は見て見ぬフリをしていたが、きっと優しい男なのだろう。しかし彼女を暴君からは守れまい。

死を恐れず、犯罪スレスレくらいにならないとあなたは決して変わらない。

生まれついての性格でそれが無理な人もいるし、本書を読むまでもなくサイコパスのような男で、悪に染まっている輩もいる。

後者はそのうちに逮捕されると思うからほっといて、生来の性格で「いい人」をやめられないい人はどうするか、という話にしたい。

何かのきっかけで、いい人をやめることもできるし、人間はいい人とは対極にある衣装を意識すればまとうことができるものだ。

その衣装とは、「気迫」「冷静」「孤高」。

「知性」もそうだ。

いい人は平凡な生活をしている人間が多く、平凡が知性的だとは私は思わない。

誰とでも同じ考え方に終始していたり、リスクを負わずに現状維持に徹していて、特別な言葉が生まれるとは思わない。

知性とは特別な言葉。つまりオリジナリティ（独自性）とも言える。

オリジナリティをまとうと、平凡な暴言しか吐かない相手を一瞬で黙らせることができる。ケンカとはそのことであり、ケンカと書くと、「俺は空手を習っていた。俺とケンカするか」というバカが出てくるから困るのだが、確かに武道を習って強くなるのも良いことだ。

ケンカが弱いよりは強い方がいろんな場面で役に立つ。しかし、暴行事件で逮捕されては話にならない。

暴力事件に発展する前に、相手を黙らせること。

暴力によるケンカを減らしたいという意味だ。

黙らない相手は、武道の経験があるか逮捕されてもオーケーだと思っているチンピラなので、その場合は逃げること。

命を守るために逃げることは決して恥ではない。

荒れ狂った天候の山の山頂を目指さずに、下山することは恥ではないということだ。

しかし、**ほとんどの場面で、「いい人をやめた」あなたに殴りかかってくる**

男はいない。

殴り合いになる前に、持論や冷静さで勝てるのである。

六本木の暴君が集まる店に行ったら、暴力事件になってしまうが、そんな店に出向いて遊んでいる読者もいまい。そうではなく、街にあるちゃんとした店や公共施設の中での話だ。いい人は常に誰かに絡まれるトラブルに見舞われる。いい人をやめた知性のある男にはそれがなくなる。

誰彼かまわず信じるいい人をやめなさい

では相手が男ではなく、女性の場合で説明したい。

あなたはおばさんによく絡まれないだろうか。レジにいるパートのおばさんが不愉快な言葉を投じてきたりしたことはないか？

下品なおばさんは相手を見下すのが得意だし、街が自分のものだと思って歩いている。職場にしても我が物顔である。

しかし、そんな下品なおばさんがケンカを売る相手は、弱い男と決まっている。ここで言うなら、いい人そうな男である。「わたしが食って掛かっても大丈夫。この男は殴りかかってこない」と確信している。おばさんも40歳を過ぎれば経験が豊富で、男を見る目がある程度は養われている。優秀な男を見抜く能力はないが、言いたい放題ができる男は分かっている。

普段、「男と女は対等の時代よ。あんた、これやりなさいよ！」と息巻いている職場のおばさんが何も言わない相手は、

「病的な男」「知性的で冷静な男」

ということだ。病的な男は、刃物を持っているかもしれないからだ。それくらいはバカなおばさんでも警戒している。先日もスーパーに行ったら、「人生はギャンブルだ。違うか」と叫んでいる男がいて、レジにいるおばさんたちが怖そうに俯《うつむ》いていた。ところがそのおばさんたちは、私の知り合いの女の子には横柄な応対をするらしい。相手を見ているのだ。

また、おばさんは目力が強い男にも何も言わない。ふざけたことを言うと、次の瞬間に拳が飛んでくると分かっているからだ。

私は若い頃に、ストレスになるくらいおばさんに絡まれた。詳細は割愛するが、それによって、若い女の子びいきになってしまった経緯がある。

ところが物書きになって、いろんな経験を積むうちに、いっさいおばさんに絡まれることはなくなった。男にもあまり声をかけられなくなった。

なんとすれ違った恋人にも声をかけられなかったことがある。

「機嫌が悪いのかと思って」

と言われた。そんなことはない。普通に歩いていただけだ。だが、ロングコートにサングラス姿だったが……。俺が知性的だからだ、というオチになってしまいそうだが、いろんな意味でオリジナリティをまとった優秀そうなオーラがあれば、人を見下したおばさんも暴言を投じられないということだ。

では、性格的にいい人をやめられずに悩んでいる人にアドバイスをしたい。

人は自分の性格が災いして、とんでもない被害を被ったり、深い傷を負ったりすると変わるものだ。

「人が信じられなくなった」

というセリフはよくあるが、それでいいのだ。

あなたの前で「○○さんは最高だ。本当に楽しい」と笑って飲んでいた人間は、あなたが帰路についたら、「○○ってやつ、ぜんぜん面白くなかったし、勘違いしてるよね」と悪口を言っているものだ。一部の女子は、「洋服がださかった。あんな男とはやれない」なんて言っている。

それが分かり、**「俺は人を信じない男。孤独でもいい」と決めていたら、そのうちに、下品なおばさんを近寄らせない迫力が出てくる。**

「誰も信じないなんて悲しい人生だ」だって？

あなたは愛している人だけを信じなさい。

誰彼かまわず信じるいい人をやめなさいと言っているのである。

あなたは無害ないい人だと、自分でも思っているかもしれない。

だが、周りの人たちは、あなたをバカにしている。

「面白くない奴、しらけちゃったね」と言われていたら無害とも言えない。

女の話もできないという男が世の中にはいるものだ。

まるで**道徳の教科書みたいな男**だ。そういう「自称真面目な男」に限って、酒場の空気を読めないものだ。酒場に道徳は必要ないから。

彼ら真面目ないい人は、妻からは都合のいい男だが、その妻だって、「退屈な男だな」と思ったら不倫をすると相場が決まっている。

突然、「ちょっとこれやってくれよ」と命令される男はけっこういる。

「断れないだろう。怒らないだろう」

と相手が見下しているのだ。

私は頼まれたことはあるが、命令されたことはない。

あなたは悔しくないだろうか。私は若い頃おばさんに絡まれて悔しかった。

当時は、おばさんだけではなく役所の男にすら指図されたものだ。今はそれがない。その人生の方が楽しい。

インターネットは弱者のメディアだ

ネットが蝕むストレス社会にあなたは生きている

現代は「ストレス社会」と言われている。

夜になっても灯りはともっていて、残業もできるし、ネットで遊べるし、コンビニで買い物もできる。そのコンビニには深夜、働いている人がいる。

夜になったら辺りは真っ暗闇《くらやみ》になって、何もすることができない暮らしだった頃はとても自然で、暗くなったらすやすやと眠る事ができた。**今の時代は自然に逆らっている**ということだ。

夏の猛暑では到底、働くことはできないのに、なんと冷房をガンガン回し、仕事をさせる。

しかも、道路工事の仕事で熱中症気味になって帰ってくる夫よりも、残業せずに帰ってきて、料理を作る男の方が偉い時代だ。

男が終わり、女が狂ったというほかない。

とはいえ、**そのストレス環境に先進国の人間は少しは適応してきた。**

原発ができてから、数十年。

夜が明るくても、そのネオンを美しいと言い出す人間もいるのだから。

だが、人間が決して慣れないものがある。

それはインターネットだ。

スマホの普及によって、ネット社会が完成したとして、まだ数年に過ぎない。

だからか、慣れる事ができない人たちのために、『圏外リゾート』という商品が発売されている。ネットが繋《つな》がらないリゾート地に旅行をさせる企画だ。

それくらいネットは疲れるのだ。

しかし、仕事でネットをやらなければならない時代である。

ネットは悪口の巣窟《そうくつ》だ。

なんとかが9割、という本がかつて流行ったが、**「ネットは悪口が9割」**と断言しておく。

ツイッターをやっていると、必ず誰かにケンカを売られる。あるアイドルが好きだと呟《つぶや》いたら、そのアンチが絡んでくる。何かの社会問題を呟いたら、それに反対する人が罵詈雑言を投じる。延々と気に入らない相手に屁理屈を突き付けてくる人間も多い。

ツイッターなどをやっていない人でも、好きな有名人の記事を読んだら、そのコメント欄に悪口が書かれていて憤慨しているものだ。

SNSのすべてがトラブルばかりだ。

繰り返すが、**種々の悪口は蔓延《まんえん》しているし、比較的安全に見えるフェイスブックでもマナー違反は絶えない。**

それにうんざりしているのは、ちゃんと仕事をしている人、頭の良い常識のある人たちであり、9割に加担している人間は、弱者たちだとこれも断言しておく。

弱者の定義も広いので、ここでの意味は「暇な衆人」ということになる。

ネットに群がる弱者たち

ネットは「責任が生じない世界」だ。

これは大問題だ。

誰かの悪口を書いたところで、投げっぱなしで許されるし、匿名だったらどんな酷い言葉も作れる。正直、「殺す」以外は許されているのだ。

それは言論の自由とは異なるただのマナー違反ではないか。

街中でマナーを守る行動には責任感が伴っている。

「電車内は皆のもの。わたしだけが好き勝手にしてはいけない」と無意識に考えている人は、誰かからそれを教育されたことがあり、それを記憶の奥深くにインプットしていて、「重要なこと」と認識している。社会人としての責任をまっとうする行動だ。

ところがネットにはそれがない。

存在が新しいために、まだ慣れていなくて、なんと法整備もできていないから、恐怖心もないのである。

「なんでもオッケー」

というわけだ。

考える能力が不要な「なんでもオッケー」に暇人は群がる。

日本なら日本にいる大多数の弱者たち。

まともに働く気もない男。

出世なんかしたくないと言い、育児休暇と有給休暇を取ってばかりの男。

本も読まなければ、社会問題を扱った映画も見ない男。

セックスのサイトばかり閲覧していたり、またはセックスに興味がなく、オタクの趣味に没頭している男。

彼らは本当に弱っている。

弱者同士で、「イクメンでいたら最高だよな」と言っているものだ。

彼らには、「自分たちは勝ち組。仕事ばかりしているのはバカ。うつ病になる」という切り返しがあるのだが、自分が完全になまけものという病気なのを分かっていない。「仕事は裏切らない」という人生にしなければ、とんでもない最期になる。

「なんでもあり」のネットの世界から遠ざかるまともな人たち

弱者が趣味のように利用しているネット、特にSNSは強者と利口な人たちにとてもダメージを与えている。だから、「もうツイッターはやめます」という有名人が多いのだ。

ブログのコメント欄を閉鎖している著名人も多い。

それから、**悪気はない、という人間も困ったもので、自分では自分が何をしているのか、わからないのである。**

タイムラインを乱すのがそうだ。楽しいことがあったのかイライラしているのか知らないが、ツイッターにしてもフェイスブックにしても連続投稿を続けていて、誰かに怒られるまで止めない。その怒る役目になってしまった人は、恨まれてしまうリスクを負って、やはり疲れてしまう。

また、**自分の恥を晒《さら》す投稿も枚挙にいとまがない。**

男としてこれはおかしい、女としてどうかしている、という投稿だ。

普通の人としては趣味が変わっている、という主張は、政治の極端な思想を除いてはマイノリティとして受け止められることが多い。

「毎日、ラーメンしか食べてません」「蛇を飼ってます」などは、たまに投稿するならマイノリティとして笑って許される。

しかし女性の話で言うと、**突然、「昨夜のセックスで彼氏の精子飲んじゃった」と投稿したら、いくらフリーセックスの時代とはいえ、読んだ人は気分が悪くなる。**

セックスはマイノリティではなく、だが様々な意味合いで陰部は隠さないといけない人類の長い歴史がある。それが彼女にはわからないということだ。演技性人格障害かもしれないが、分析するのも疲れている。極端に言ったが、要は「昨夜、彼氏とやった」という投稿をするということだ。

覚せい剤で捕まる一部の芸能人を除けば、**成功している強者というのは言動に慎重で、滅多にバカを晒さないし、個人を執拗《しつよう》に攻撃したりしない。**政治的発言に傾いた芸人ではないが、ああいう人たちは特別であり、芸を極めている人たちがツイッターなどで人の悪口ばかりを書いていることもない。

覚せい剤をやる芸能人にしても「元」成功者が多く、売れなくなったり、曲が作れなくなったりして追い詰められているのであって、一方の一般人の暇人は別に追い詰められていないのに、おかしな言動を発信しているのである。

もし、たいした転落もしていないのに追い詰められていてストレスを感じるなら、それは自然に逆らった時代に適応できていないということだ。だから最初にその話をした。もっとも私の友人で、リストラをされても社会に対する不満も書かない男がいるし、毎日残業していても睡眠薬を飲みながら文句を言わない男もいる。

だから大学に落ちただけで、2ちゃんねらーになったとか、彼女に振られたから、その彼女と女性の悪口を書き続けるとか、それは甘えているのだ。

ちなみに、私は時間に追われるのに弱いから、夜に灯りが灯っているこの時代に適応していないことになる。

しかし、私はSNSに誰かの悪口を投稿したりしないし、自分の恥を連続して呟くこともない。

それはなぜかというと私が利口だからで、特に深い理由はない。

フェイスブックもツイッターもやめてみる

ニートにしてもまともに働いていない人にしても、必ずパソコンやスマホを与えられる時代だ。

「わたしの旦那、すぐに仕事をやめちゃうんです。離婚しようか迷ってます」

そんな相談をよく女性から受けるが、その旦那はネットだけはしっかりと毎日やっているものだ。誰かの悪口を書いているか、セックスのサイトを見ているか、友達と夜中までネット上で会話をしているか、というところだ。

彼ら彼女らは、ストレスの発散のために社会への不満をネットに書く。

ネットを毎日のようにやっている人間は、ほとんどが社会に不満を持っている。お金がない。彼女がいない。結婚できない。仕事がつまらない。

そのストレスと怒りが、頭の中に充満、そして膨張していき、悪い言葉となって投稿される。

その投稿を見てしまう強者とちゃんと仕事をしている人たちは、不愉快になって疲れてしまっている。

しかし、ストレスがコントロールできない人間は、人の悪口を書いたり、自分の恥を晒してストレス発散。気分よく、母親が作った夕食を食べている。

いつの時代も弱者は、本当はとてつもない強者であって、国にさえ守られる。頑張って、強者と言われるカテゴリーに入った人たちと利口な人たちが疲弊してしまった時に、その国は衰退していくものだ。

弱者の「強者ぶり」は頑張らなくても強者であり、頑張って強者になった人間よりも強い、ということだ。

本書を読んでいる利口な人は、極力ＳＮＳを見ないことだ。それで孤独になってもいい。圏外リゾートは、狂った社会から解放されるために考案されたのだ。

ネット社会に群れずに、一人になる、または親しい人とだけでいる時間をい

つぱい作るのが賢明である。

フェイスブックを1週間、放置しなさい。ツイッターもやめなさい。

それだけで少し利口になった自分に気づくだろう。

第2章

あなたを「嫌う人」がいるから「惚れる人」が現れる

子供はイクメンを望んでいない

母性的養育を奪うオトコたち

男が積極的に育児参加する「イクメン」が定着してきた。

流行らせたのは言うまでもなく、政治とマスメディア（ともにリベラルのフェミニズム）である。

私の反フェミニズムを嗤《わら》っている男たちは、「共働き賛成」と言って、今日も女性に頼って生きている。頼られた女性は若い頃は強気だが、更年期障害を発症するくらいの年齢になったら、その男にうんざりするだろう。

彼らは育児休暇を取って、妻のご機嫌をうかがい、「子供の傍にいたい」と言って仕事をサボっている。

せいぜい、良い思い出を作ってほしいものだ。

将来、自分が子供の写真やビデオを見て満足するために。

「母性的養育の剥奪《はくだつ》」という言葉を知っているだろうか。

ジョン・ボウルヴィという高名な精神学者が語っているので、調べてもらいたい。

フェミニズムを叩き続けるが、このような大切な話を彼ら彼女らは「無い」ものとする。朝日新聞などそれに徹している。

私の根底にあるフェミニズム嫌悪には根拠があるのだ。

「里中はうるさい。俺は女性の社会進出に賛成。共働きがいい。がんばって働きたくない」

という能無しと一緒にしないで欲しい。

フェミニズムは社会の癌《がん》細胞だ。あなたもそのうちに分かる。痴漢もしていないのに、痴漢で逮捕されて、裁判官が「証拠はないけど有罪」とでも言えば、ショックでフェミニズムのいい加減さを理解できると思う。

話を戻したい。

赤ん坊には、母親のおっぱいが必要だ、と私はずっと言っている。

それを「働きたくない」父親が奪っているのが流行りだ。

その流行に乗っている男たちは、愛着形成など勉強もしていないだろう。明白だ。

大衆に付和雷同する「庶民」とは考える能力がないのだ。何かの信念があって行動することはない。

育児休暇と有給休暇を併用し、土日も部屋にいながら、赤ちゃんを抱っこしているあなたもそうだ。勉強不足も甚だしい。

科学的根拠はないとはいえ、母親のおっぱいがその人間を強くするものだと思っている。

もし、科学的根拠があっても、それが金にならなければ潰《つぶ》されるものだ。だから科学的根拠があろうがなかろうが、私は正しいと思ったことを喋る。

私の知り合いに、「どんなにひもじい生活でも母にいてほしかった」という男がいる。原因不明の病気を患っている方だが、母親がいなかったらしい。

私自身も軽い心臓神経症という奇病を患っていた。

母親はちゃんといたから、おっぱいとは関係ないかも知れないが、高校生の頃に、「人は簡単に死ぬ」という恐怖でこの奇病が発症した（今は治った）。

人間には80歳になっても走ることができるくらいの生命力がある。

少々の病気でも死なない。

人は無意識のうちにそれを知っているのだが、私はそれを知らなかった。

睡眠中にちょっと呼吸が苦しくなると、「死ぬんじゃないか」と怖くなって、ずっと生きてきたのだ。

「何千回と苦しくなって、それで死んでないのに、まだ死ぬと思っている」

若い頃の私はそうだった。あきれてものも言えない。

母親がきちんといたので、私が勝手になった病気だと思うが、**私はセックスで女性に抱かれたこともない。いつも抱いているのだ。**母性愛が苦手なので、「わたしが優しく抱いてあげる」という女とは付き合ったことがない。

故・尾崎豊さんの歌を聴いていたら、さかんに「抱きしめてほしい」と叫んでいるのだが、若い頃にそれを聴いて、「無理でしょ。男の方が体がでかいし」と首を傾げていた。

「おっぱいで眠りたい」と言っていた友人もいたが、「どういう姿勢で？　首が痛くならないか」と笑っていた。

「男は孤独に一人で生きていく」と思い込んでいた節もあるし、今でも女性に接する時間がとても少ない男だ。

しかし、人間は幼少の頃には、長い時間、母親に抱かれることが容易にできる。体は小さくて、母親の腕力でも抱っこができる。

その期間が3年くらいだとしても、それはとても貴重な時間だと思っている。

もちろん、母親から抱かれた事がほとんどない人でも、立派な人間になる場合もある。そのことで、ジョン・ボウルヴィも、「私の持論は誇張している部分があった」と言ったらしい。ただし、フェミニストに言わされた部分があると思っている。例外があれば、『根拠がない研究』と叩かれるのだ。

母親から引き裂かれて施設に預けられた子供でも、ちゃんと社会生活ができる子もいるということだ。それを突きつけられたら、「私の研究は絶対ではない」と言わざるを得ない。

「父親の出番」を失ってしまう男親

私は「個人の才能」を重要視している。

母親がいなくても、その子供に協調性を発揮できる才能があれば、才能でなんとかなるというわけだ。

また、家庭に良い環境が整っている場合もある。芸能人なら、それなりに裕福だろうから、庶民の家庭よりは有利だ。

イクメンを推奨する著名人、芸能人は威張って言うものだ。「うちは父親とのコミュニケーションがあって、とても子供が良い子に育っている」と。それは環境が良いのと、その子供に才能があるからではないか。

イクメン志向の人たちは、イクメンが上手くいった芸能人の話に夢中だ。もともと自分がイクメンをしたかったから、たまたまイクメンが上手くいった話を拾ってきて、「やっぱりそうだ」と自分に言い聞かせている。

その信念のなさに唖然《あぜん》としている。

確固たる信念とは、流行と一緒に唐突に出来上がるものではない。

20歳くらいで、イクメンがそれほどまでに必要だと思うなら、少なくとも中学生くらいからその勉強、研究をしているくらいじゃないと、ただの流行に乗っかっただけだと私は見なす。

話を戻すと、才能というのは恐ろしいもので、バカな親を錯覚させるものだ。

「うちの息子は偉い。私が育てた」

と。

私は息子が2歳くらいの時に、あることで「これは彼の才能で俺には関係ない」と驚愕《きょうがく》した。

「きっと、生まれてきたのが楽しくて仕方ないのよ」

と、母親も言っていた。

彼はいつも笑っていたのだ。

夜泣きも少なく、ニコニコしていた。歩くようになり、母親と一緒にデパートなどに買い物に行けるようになっても、欲しいものがあって泣き叫んだこともほとんどなければ、子供特有の奇声を発することもない。笑顔を振りまいて、知らないおじさんから飴《あめ》をもらっていた。

幼稚園に上がると、先生たちに「王子」とあだ名をつけてもらい、人気者になっていた。今でも学校が大好きで、毎日友達と遊んでいる。

それは私が教えたことではない。

彼の生まれつきの才能である。

才能に恵まれた子供の姿を見て、「俺の教育が良かった」と慢心してはいけない。


私の息子は、母親の母乳で育った。

私は育児はしなかったが、「教育はする」という姿勢だった。

9年間で『父親の出番』があったのは5回くらいしかない。自転車の乗り方を教えたりしたのだ。

イクメンをどれくらい続けるのか知らないが、あなたは『父親の出番』を失ってしまうだろう。


もし、母親と父親の役割が逆になったら、将来、息子がとんでもなく卑怯な不良行為をした時に、どちらが殴るのか。娘が早くからセックスを売ったら、それは誰の責任になるのか。

「イクメンとは赤ちゃんの時だけだ」

そうか。

では先に触れた母性的養育の剥奪の問題を勉強してほしい。

日本では深刻化しているらしいが、大手新聞やテレビやネットニュースでは報道されないだろう。今日も沖縄の基地問題と芸能人の不倫とスポーツ選手のヒロイズムをあおったニュースばかりだ。

尊敬される成功者の条件

20代の小娘が「成功者」を名乗れる時代

先日、**「ネットの自称成功者に騙《だま》されるな」**という記事を読んだ。一般人が書いたものだが、近年、日本には成功者がウヨウヨいるものだ。

ある小娘が成功者気取りで、私のような「語る人」を叩いているのを見たが、本人はSNSと色気を使った怪しいセミナーで客を集めているだけで、SNSの世界で人気なだけ。それが何か突出した価値があるのか分からないのだが、本人は成功者気取りで偉そうなものだ。

もちろん、**若い人間の中にも成功している人はいるが、それは特に若いうちにしか活躍できない世界に限定されている。**例えばサッカーや野球だが、若者が飛ぶ鳥を落とす勢いで好成績を上げても、実はその世界の年長者には、なんら発言権がないくらい、先に成功した年上の人間や地道に実績を重ねてきた年寄りは強いのである。

ところが、**近年、新しいビジネスが増えてきて、最初に成功した人間が40歳以下という状況が生まれている。**新しいビジネスが増えるのは大いにけっこうだが、それに続いた20代の人間は、先程触れた小娘もそうだが、大先輩がおらず、自分が単体として「成功者」だと決めてしまえる環境に置かれているからひどく自分に酔っている。

誰も注意しないし、誰も「君の言っている事は経験不足で幼稚だ」とも言わない。

ちなみに、私の場合は編集者が、「ここは矛盾している」「この一文は削除する」と厳しく言ってくる。また、本（小説、エッセイ、自己啓発）の歴史は長く、当たり前のように大御所がどんと構えているので、謙虚になることができる。

私がベストセラーを連発する物書きでも、「偉い作家だ」と決して言わないのは、もっと偉い人が年上にいっぱいいるからだ。

しかし、例えばネットビジネスでは、先駆者が堀江貴文だとして、それに続いている者で、あきらかに成功した男がいるかと言うと、一部の男が目立っているだけで、少ないと思う。成功した直後に転落した男も多い。**先に成功した人間が少なければ、後に続く人間が少しばかり人気になっただけで、「俺は成功している」と勝手に決め込むことができるのだ。**彼らは、誰にも怒られないから、「調子に乗っていたら怖い目に遭う」という心配事を持たない。

楽しみは30歳を過ぎてからでいい

前置きが長くなったが、表題の「尊敬される成功者の条件」を語りたいのである。どこの馬の骨か分からない小娘を尊敬するようではお話にならないという分かりやすいアドバイスだ。

もし、その小娘が天才なら話は少しは軟化するが、私が50年生きてきて、「この女の子は天才」と怖くなった出会いは一度しかなく、男にしても「天才かも知れない」は数回あったが、「あきらかに天才」と畏敬《いけい》した男とは出会っていない（羽生善治さんとエレベーターで一緒になったことがあるが、天才を見かけたケースは除く）。

サッカーで言うと、リオネル・メッシが天才なのは明白だが、日本代表の選手たちが天才かどうかは難しいところで、それくらい天才は少ないのだ。だから、ネットでちょっと喋っている人間たちが、「天才」であるはずはないとも断言できる。

天才がもし目の前にいたら、その人間の年齢にかかわらず、話に耳を傾ければいいだろう。

尊敬されるべき成功者は、まずは明らかな天才。それでいて、狂気に走って

いない事と定義したい。

若者批判ばかりしているように思われるが、若者にしても謙虚に振る舞っている人間は尊敬に値する。私がよく、「君は十分、立派な男だよ」と本心からの言葉を贈っている男は、実は若者に多く、彼らは新妻を養っていたり、一生懸命、誰かのために働いていて、「自分の楽しみは30歳を過ぎてから」と口にしている。

それは私の本の影響かもしれないが、実際に実行するのは辛いはずだ。若いうちは女と酒と何かの趣味に没頭したいものだから。

話は少し脱線するが、今の時代は、30歳を過ぎても十分に若く、また体力もあり、病気は末期がんや特殊な難病以外はほとんど治療もできるようになった。**20代を勉強と成功の準備に費やしても、30歳、40歳を過ぎても遊べるのである。**

「10年後に地球があるかどうか分からない」

と思うなら、尚更、早くに成功しないといけないのであって、遊んでいたらだめだと思うが、ちがうのだろうか。それとも、楽しく趣味や恋愛に生きる事が先決なのだろうか。流行を追いかける事が大事なのだろうか。**人は、特に男はなんらかの足跡を歴史に刻まないといけない。**歴史というと話が大きすぎるが、誰も坂本龍馬になれとは言っていない。

あなたのご先祖からの歴史上、あなたが、特に優れた人間にならないといけないのである。祖父がいて、父がいて、あなたがいて、子供や孫がいて、その中で、「○○家の歴史では、彼が一番すごかった」と言われてはじめて、何かをやり遂げたか、新しいものを創った証になるのだ。子孫にそれを超えられるかも知れないが、それはまた名誉なことで、**男は、超えられる存在である事も大事なのだ。**

息子ができた時に、「父を超えてみろ」と威光を放てる男は激減した。それはとても恥ずかしいことだが、そう思わないようだ。この時代、なんと幼い息子に自転車の乗り方も教えられなくて、それを恥じる様子もないのだから、父権の欠落は深刻である。

「お金を持つ男」だけが成功者なのではない

さて、話を戻すと、**目の前に謙虚でいて、仕事を十二分にやっている男を見つけたら、その男を逃してはいけない。**彼がなぜ仕事ができるのに天狗になっていないのか。それを教えてもらうといいだろう。狭い世界の時代の寵児《ちょうじ》ほど、できない奴はいない。そんなできない奴に乗っかっている人間が最近は多く見られる。

そして最後に、「実績のある人間」ということになる。

継続して成功している人間ほど、優れた者はいない。

成功とはその規模にかかわらず、とても継続、持続が難しい。なぜなら、時代は5年くらいで様子が変わるし、本人は健康を維持し続けなければならないからだ。特に精神面で、「俺はまだやり続ける」とか「絶対に落ちぶれない」

と頑なに決意をし続けなければならず、その重圧との戦いは、責任も知らずに生活している男の子にはできない芸当なのだ。

自分との戦い、そして激変する世の中との戦いを続けていて、ある程度の成功を保っている男は、もはや1000人に1人と思ってもらいたい。

その1000人に1人と出会ったら、とことん話を聞くべきで、一発屋のようにに出てきた男に飛びついたりはしない方がよいと思うが、違うのだろうか。

たたき上げの職人で、その仕事を20年以上続けていて食っているという男の言葉ほど重いものはなく、「事業を立ち上げる資金は親に借りた」と言っている金持ちに、なんら聞くことはない。

あきらかに天才。謙虚な仕事ができる男。そして長い期間、成功している実績がある大人の男。

ここでの成功とは、お金持ちという意味ではない。職人さんでもいいのだ。

「社会的弱者」と「自称弱者」の違い

「社会的弱者」の正しい定義とは

「私は反権力、弱者の味方」と言っておけば、支持を得られる。

政治家でもジャーナリストでもあなたたち一般人でも。

私も反権力。

だが、弱者の味方ではない。小学生以下の子供と女子は徹底的に守るが、特に「自称弱者」のような男は嫌っている。

自称弱者の男は、まさに弱者として甘やかされているものだ。

社会的弱者の定義がよく分からないのだが、調べると「少数派」「発言力がない人たち」と、曖昧《あいまい》な事が書かれている。

しかし、それでは一部の人になる。するとそれを書いた人間は、結局、「お金のない人たち」というように少数派ではない人たちを指した結論を提示してくる。つまり、社会的弱者を強引に増やしたいわけだ。増えないと、政治家も物書きも仕事にならないからだ。

社会的弱者と自称弱者を区別しないといけない。

これが私がずっと願っていることだ。

持病を患っている人、あきらかに体力のない女性、本当の少数派、自然災害の被害を受けた人たち……他にもいるが、それが社会的弱者だ。彼ら彼女らはお金を稼ぐ事もできないだろう。**私はその人たちのために税金を払いたい。**

しかし、住む家のある健康体の人間が、「弱者」だとは到底思えない。発言力がないとかいうが、ツイッターやらで好き放題しゃべっている時代だ。「ツイッターでつぶやいても世の中は変わらないから」だって？「ネットが時代を変える」とか威張っているのは君たちではないか。

強気なことを言っておいて、都合が悪くなると弱気になってもらっては困る。

例えば、「（学歴やスキルがなくて）まともな仕事に就けない」という男が、社会的弱者らしい。**だが、学歴やスキルがなくても立派に働いている人間はごまんといるのだから、自業自得ということになる。**

やる気のないニートも一緒で、自業自得を守ろうなんて、どれだけ甘やかした国なのか。

彼らはあきらかに頭が悪く、社会的弱者ではなく社会不適合者というわけだ。これでも優しく言っている。

どうしようもない「バカ」は出兵させろ

映画『フォーリング・ダウン』を知っているだろうか。マイケル・ダグラス主演の社会問題を扱った名作だ。昔の映画だから安くなっているので、DVDを買ってきて観てほしい。

真面目に働いていたマイケル・ダグラス演じる主人公の男は、妻に離婚をされた上に会社をクビになった。離婚した妻に復縁を迫って、娘の誕生日に「家に帰りたい」と電話で頼むが「養育費も払ってないのに」と断られる。彼は強引に家に帰ろうとしたロスアンゼルスの郊外で、いろんなバカに絡まれて、発狂してしまう。

こんな物語だ。

ネクタイ姿で町を歩いていると、「金を寄越せ」と理不尽に絡まれる。

「俺は食うものがない。金をくれ」とハンバーガーを食べながら哀願する男。哀願しているが態度はでかい。銀行が悪いと叫んでいる男。オヤジ狩りのようにナイフを振りかざす若者。**彼らは社会的弱者と呼ばれる人たちだ。本当にそうだろうか。**

ちがう。

彼らは頭のおかしい自称弱者だ。本当の弱者ではない。

主人公の男も差別主義者のどうしようもない奴なのだが、彼は「強盗にならないように」「人は殺さないように」と我慢しながら家まで帰ろうと走り続ける。だが、周囲の無法者たちがストレスに苛《さいな》まれている彼の気持ちの火に油を注いでいく。

日本は、アメリカ人ほどストレートにものを言わないから、歌舞伎町辺りを歩いていて、「おい、おっさん、金をくれよ」と近寄ってくる男はいない。それがある場合は、最初から強盗目当てだろう。私もやられたことがある。車から降りてきた若者たちが、私に襲い掛かって、財布を取られた上にスパナのようなもので頭を殴打された。

私を襲った彼らは、仕事をしていないか、仕事をしていても金に困っている男ということだが、**事件を起こさなければ社会的弱者として、さまざまな反権力の人たちから守られる。手厚く守られるわけではないが、擁護され、弁護され、時には税金を使って生活費の面倒までみてもらえる。**

私はそれを絶対に許さない。

「金をくれよ」と街では絡まれないが、ツイッターやらでは、「金をくれ」と言っている男たちはいっぱいいいる。奴らは社会不適合者だ。

「しかし、犯罪者になるかならないかの区別はつけられない」だって？

だから、何年も仕事をしていない男やネットに「金持ちは死ね。俺に金持ちのその金を寄越せ」とか言っている男は片っ端から労役に就かせてほしいのだ。

彼らは病気だって？

得意の新型うつ病か。そんなくだらない病気は戦場に出れば治る。安倍が自衛隊を戦場に送ることに必死になっているから、自衛隊に入隊すればよい。

政治家が「諸悪の根源」をあえて残す理由

世の中で、何がストレスなのか。
それは頭のおかしな人たちが大勢いることなんだ。

先に紹介した映画『フォーリング・ダウン』を観れば分かるし、日本でも近所にいるそんな人間たちが本当に迷惑だ。

国を良くするためには彼ら彼女らを淘汰《とうた》するのが手っ取り早いが、何をもって迷惑なのか、それを判断すると混乱するし、怒り出す人たちが出てくる。

私の中では、「公共マナーを守らない」。

これで確定なのだが、誰でも魔がさすことがあって、一瞬の間違いは犯してしまう。山奥の人のいない所で軽くセックスをしていたら、たまたま熊を撃ちに来た人に見つかった……という状況は性犯罪とは言えない。だからマナー違反を見つけたら、即その人が人間性が損なわれているとは言い難い。要は、マナー違反や暴力的行為を長時間行っていたり、継続的にやっていたら確定なのである。精神医学でもそう分析されている。

例えばファミレスや激安回転寿司に行くと、行儀の悪い夫婦がいる。具体的に書く行数がないから割愛するが、会話もとてもまともな人とは思えないくらい下品。それを店にいる1時間の間、ずっとやっていたら確定ということだ。

もちろん、銀座のクラブで豪遊しながら女の子のお尻を一晩中触っている金持ちもそうだが、彼らは自分の面倒は自分で見ているので、そこが少し違ってくる。

では、ここで言う迷惑な人たちとは違う賢い人たちはどういう人間なのか。

私も含めて、他の男たちも完璧ではない。

男でいうと、恥ずかしいこと、外では迷惑なことはこっそりとやっている、ということだ。

イケメンの俳優だって家ではジーンズのベルトを外してパンツを見せたまま、

だらしなく座っているかも知れない。しかし、それをレストランではやらないではないか。

一方の頭の悪い人間はそれを公衆の面前でなんの恥じらいもなくやる。

誰にでもダメな一面はあるが、それを人に見せるか見せないか。

その違いだけなのだ。

世の中は、特に先進国では、社会的弱者と、社会的弱者のふりをしてサボっている人との区別が付けられていない。そのために一向に国は良くならない。稼ぐ気もなければ働く気もない男を国から追い出せば、どれだけ税金が余ってくるか。もっとも余った税金は違う無駄なことに使ってしまうのが政治家と官僚だが、それを言っても徒労。

政治のことを最後に言うと、**政治は常にどうでもいいことばかりに躍起になって、根本（諸悪の根源）を解決する気はない。**

そこを残しておかないと自分たちのお金にならないからだ。支持率のためでもある。選挙で女性票を得るためにも、きれいごとを言う。

権力と根本の悪。そして無能で税金をろくに払わない人たちは手厚く守る。

もっとも苦しんでいるのは、中流の真面目な人たちである。

億万長者でもないのに最高税率を取られ、ひどく疲れている。

私は彼らの嘆きを聞いている。

「自分のことが嫌いだ」という君に伝えたいこと

人間にとっての一番の恥は「反論できないこと」だ

人間にとって一番の「恥」はなんだろうか。

女の子が田舎から出てきて、事情はともかくＡＶに出演した。内容はハードなもので、男たちに輪姦され、体中の穴から精液を垂れ流しているような内容だ。

それは恥ずかしいことだが、それに気付かずに現場でセックスという仕事をしている。全国の男たちに見られるのだ。死ぬほど恥ずかしければ現場から逃げ出すはずだが、長く活躍する人気ＡＶ女優もいる。

ところが彼女が田舎に帰省をしたら、同級生の男子が、「おまえ、ＡＶに出てるだろ」と言うではないか。彼女は、「しまった。デビューしたばかりなのに、もうばれた」と蒼《あお》ざめる。

血の気が引いていくとはこのことで、親、親戚にもばれていた。

その瞬間、彼女は、

「なんてわたしはバカなんだ。たいしたギャラじゃなかったのにやり損だった。考えてみたらマトモな彼氏もいない」

焦燥、後悔、自虐。セックスの対価までも考えてしまうくらい、人間が変わってしまうものだ。


自分を嫌いになるとは、過去にやった何かに対して、周囲から攻撃を受け、しかも攻撃者が妙に威張っていたり、正当性を主張している場合に起こる心理状態だ。

その結果、攻撃を受けた本人は、「恥ずかしい」と小さくなってしまう。

「AVで知らない男優とセックスして中出しか。避妊はどうしてたんだ。ピルか。法的には売春じゃないけど、ただの売春婦だな。内容はハードだし、末端のクズじゃないか。ところでおまえの今の彼氏はそれを知ってるのか。知らないのか。だましているんだな。おまえ女として終わってるよ」

と言われて、返す言葉がない。

仕事に失敗した男がいたとしよう。それを見た同僚の仕事ができる男が、

「おまえの元カノ、優秀なエリートと結婚したよ。あの女、将来性のないおまえと別れて賢明だったな。おまえの大学でうちにいる事がおかしいんだ。どうやって入社してきたんだ。コネか」

彼も返す言葉がない。元カノは美人だったが、ふられた。ふられた理由は分からなかったが、エリートの男と知り合っていたのか。自分は大学は二流以下。コネ入社ではないが、なぜ採用してもらったかも分からない。

「自分は、女でも仕事でも失敗した。本当に恥ずかしい。自分が嫌になる」

と思ってしまう。

それから、**誰かに攻撃をされなくても、相手の自慢話のスケールが大きくて、自分がそれを到底できない場合にも、自虐的な心境に陥る。**その場合、その自慢話を、「別世界のこと」「たいした話ではない」「楽しい話だ」と、あっけらかんと聞いていられるなら何事も起こらないが、**（いつか現れる）強者、敵に対する言葉の用意ができていない人間は、たかが自慢話にもひれ伏してしまうものだ。**

読者諸君。

自分が嫌いになる理由が分かっただろうか。

また、「里中さんの話は極論すぎて困る」か。

AV女優じゃなければキャバ嬢でもいいし、フリーセックスでもいい。

女性読者のあなたも、それほど好きじゃない男とセックスしたことがあるでしょう？

仕事で失敗したのでなければ、美人にふられただけでもいいし、給料が安い問題でもいい。

何事も劣等感になる過去に対して、反論できないからだめなんだ。

つまり、前述したAV女優も「私はセックスが大好き。観て喜んでくれる男性たちがいる。なにか文句あるの？」と堂々と言えればいいのだ。

強い信念がある男が最後は勝つ

人間が生きてきて、100％正しい仕事、恋愛、遊びをすることは滅多にない。

「ある程度は間違っている」ものだが、それは、ただ野球観戦をするだけでもある程度は間違いを犯しているものなのだ。例えば、晩夏の肌寒くなってきた頃にプロ野球を3時間くらい観戦している間に持病の関節痛が悪化したら、間違った行為をしていたことになる。

それを親しい人や医師に徹底的に攻撃されたら、「私はなんてバカなんだ。野球なんか観戦しなければよかった」と自虐的になる。違うだろうか。

しかし、反論できるなら堂々としていられる。

「関節痛は悪化したけど、優勝がかかった感動的な試合だった。私はそれで満足だ。死んでもいいんだ」

と言えば、医師も、「そうか。じゃあ、仕方ないな。しばらく薬を飲んでいなさい」と折れてしまう。

あなたが何か行動を起こす時、信念を持ってやっていれば、なんら自分を嫌いになることはない。

仕事、遊び、食事、ファッション、恋愛、セックス……何もかも信念がないとだめだ。信念が確立されていれば、誰かに不意に攻撃を受けても、焦ることなく反論ができて、相手が引き下がってしまう。つまり、あなたの勝ちだ。

勝利を得た人間が自分を嫌いになることはない。

「自分の信念が間違っていたらどうするのか」

ということになるが、間違った信念、考え、思想を吹聴したら孤立してしまうが、私が言っているのはそうではなく、一対一の対決で、相手を論破しろということだ。すぐに論破する男は嫌われるが、攻撃されたらやり返すのが当然だ。泣き寝入りが好きなのか。

もし、間違っている信念があるとすれば、強いて言えば世界的に批判されているマイノリティな行動くらいで、しかし、それすらも命がけで自分を貫けば、自分を好きなまま死ぬことができるのだ。

死んだ後に、親や子供が迷惑を被るなら、自分の信念を綴《つづ》ったノートを書いておくのがいいだろう。それによって親しい人間を納得させるくらいの気迫があれば、マイノリティでも許されるかもしれない。

「トップになれないのに、なぜそんな仕事をしているのか」

「君はたいして稼いでない。いや、貧乏だ。なのになぜ仕事を変えないのか」

成功している男に嘲笑《ちょうしょう》されて、あなたは萎縮《いしゅく》してしまう。

言い返せばいいのだ。実は、そうやって他人の失敗や弱点を突く人間はさして信念などなく、人を見下すのが好きなだけで、強い言葉で反論されたら何も言い返さないものだ。

人がいるところで軽口を叩いているが、「そうか。だったら今日、居酒屋の個室でじっくりと議論しようじゃないか」と言ってみたらいいだろう。強気にあなたを嗤っていたのに「バカと話すことはできない」みたいなことを言って逃げるはずだ。

私の息子は小学校1年生の頃に、

「僕、自分に満足しちゃってるんだよね」

と、ニコニコしながらよく言っていた。その後、4年生になり、そのセリフは言わなくなった。少しずつ、誰かからの攻撃が出てきて、それに反論する信念も構築されていないから、100%自分が大好きではなくなっているのだ。

走るのが遅かったら、女の子から何か言われる。

テストの点が悪かったら、親から何か言われる。

学校の先生も何か言うかも知れない。しかし、「この勉強は僕には必要はありません」なんて子供が堂々とは言えないから、**少しずつ自信をなくしていく。**

それをフォローしてやるのが親の務めで、

「おまえは頭のいい顔をしているぞ。目をみれば分かる」

と私はよく息子に言っている。

大人では、何かを失敗して攻撃を受けた時のダメージが大きくなっていくのだ。失敗すると、人生に関わったり、親兄弟を巻き込んだりするからだ。

そして自分が大嫌いになると、うつ病、自傷行為、他者への暴力……に移行していく場合もある。だが、それは甘えだ。

ところで私は、ひどい人生を送ってきた。

少年時代からの過去は、人に話せたものではなく、ストレスの持病は30年。

競馬の仕事で、ストーカーをするアンチを生んでしまい、芸能人でもないのに自宅にセコムの装置を徹底的に配置してある。ベンツやＢＭＷに乗ると殺意を持たれるから、車を国産に替えなければならなかったり、ツイッターを楽しくやろうにも「この店で食事をしました」とも書けない。つまり私のせいで半永久的にその店と料理を叩かれるから何も書けない。

尋常じゃないストレスに苛まれているが、他人に八つ当たりはしない。

近しい人とケンカをしても、５分後には笑っている。耳が激しく痛い時に息子が話しかけてきたら、痛くないふりをして聞いている。

先日、過労で倒れそうになって鍼灸《しんきゅう》に行こうとしたら、高齢の愛猫も倒れた。だから、私は鍼灸をやめて、動物病院に猫を車で運んだものだ。猫を診察してもらっている時に、「僕も診察してくださいよ」と冗談を言ったが、獣医さんは笑ってくれなかった。

「自分よりも弱い者が弱っていたら、自分はどんなに疲労していても、最後の力を出してその弱っている者を助ける」

という信念を持っている。強固な信念で、私が持病の発作を起こしている時に、恋人が頭痛で寝ていたら、私は3倍の量の薬を飲んで、恋人の看病をしてきた。

息子も愛猫も病気になった恋人も、私よりも弱いから、どんなに疲れていても守る、ということだ。うつ病にもならない。

慢性疲労症候群とかいう病気っぽいが、「そんな新しい病気、気合いで治してやる」とボルダリングに行ったりするものだ。

意思が強いのも、誰かに当たらないのも、何に対しても信念があって、言葉の用意ができていて、自分に自信があるからに他ならない。少し、老いには負けてきたから、それの勉強を今後していきたいものだ。

将棋士の故・米長邦雄永世棋聖は、

「私は頭がいいから将棋士になった。兄たちは頭が悪いから東大に行った」

と、言ってのけた。

それくらい言えるようになれば、自分を嫌いにはならない。

嫌いな自分を変える特効薬

あらゆる「絶対」にしがみつかない

自分が嫌いなのに、それを放置したまま、という人は多い。

前項で述べたが、反論する信念がないのもそうだ。

仕事ができない人がいたとして、仕事ができるできないなど、何を基準に判断しているのかとてもいい加減で、サッカーファンを例に挙げれば、彼らは基準がロナウドやメッシのようだから、日本を代表する選手たちが少しでも出場がなくなると、「仕事ができない」と批判されてしまう。

目の前の仕事ができなくても、それは一瞬のことかも知れないし、体調が悪くてできなくなったのかもしれない。しかも日本には職業は無数にあり、希望が残される。つまり、**「自分はこの仕事はできないけど、他の仕事はできる」と言い聞かせれば、上司に「おまえはできない」と言われてもその上司に対して腹が立つが、自分を極限まで貶《おとし》めることはない。**

だから、あなたが自分を嫌いなのは、たったひとつの希望に嫌われた時というこことだ。しかし、そんな事件は稀にしかない。

「この世で女は彼女だけだ。彼女しか絶対に愛せない。抱けるなら僕はなんでもする」

という女の子に嫌われたら、絶望するだろう。

それに夢や希望がひとつではいけない。

会社に忠誠を誓ってクビになった男も、絶望して自殺するものだ。

希望がなくなる、ということだ。

「君は性格が悪い。うちにはいてもらいたくない」

と、会社から言われたとしよう。その会社に忠誠など誓っていないが、「性格が悪い」と他の人からも言われた過去があったら、かなりダメージが大きい。しかも治すのが難しいから希望をなくしていく。

「結婚できないのは低身長だからだ」

と背の高いイケメンに言われてしまう。

女性なら、「ブス」と男たちに言われ続ける。

男なら、加齢臭がひどくて結婚できない。

かなり苦しいが、希望が見えなくなってきたわりには、その人が、自分を変えることをなかなかしないのだ。

絶対に変えられない部分、例えば身長にしても、それを好んでくれる異性を探せばいいのだが、必死に探している様子はない。

では、なぜ頑張らないのか。甘やかされているからだ。

そのような人間は年長者のアドバイスを聞かない。まるで駄々っ子で自分勝手ともいえる。

あなたは国家に甘やかされている

あなたが自分が嫌いでも自分を変えられないのは、今の時代の先進国では、社会的弱者を守る事に全力を注いでいるからに他ならない。

社会福祉になんら貢献しない人間でも無人島に流されることもない。

これは大変な優遇処置なのである。

先進国では税金を払わない者は罰せられる法律がある。しかし、この法律は日常、社会福祉に貢献している者に対して課せられている場面が多く見受けられる。税金を払い続けて生活が苦しくなった人をさらに罰するのだ。逆に日本で言うなら年金、国民健康保険、各種税金を支払っていない者は逆に免れる事になっている（全てではない）。

極端に言うと、ニートが年金を支払う能力がなくても逮捕されることはない、という理屈だ。

ニートはともかく、それに酷似した状態に置かれている人たち、つまり仕事ができない人たちや貧しい人たちが、自分が嫌いでもそれを克服できない、または自分を変える気にあまりならないのは（変えようと思っているが決意しない）、国が甘やかしているからだ。

この社会では一方的に甘えてはいけない、とどこかに書いたが、社会が裕福になるにつれ、少数の人たちが社会貢献をしなくても、国が崩壊しなくなってしまった。

自分が裕福じゃないと、「日本は裕福じゃない」と反論すると思うが、町を見る限り、こんなにすべてが安定した国はない。

もし、あなたが裕福じゃなければ、つまり貧乏だったら、それはあなたの実力不足が招いた結果であって、日本は裕福な国だ。

それでもあなたが社会的なことで嫌いな自分を変える気がないとしたらそれは、国から「それでいいんだよ」と暗に言われているからで、どっぷりとそれ

に甘えているのである。

親があまりにも優しければ自分を変える子供などいない。

大人になった自分が嫌いな人の親は、そう、国だ。

疎外感があり、その社会の中の一貫のはずなのに、その社会を作っている国が、「まあ、いいんだよ。助けてあげるよ」という態度だ。

実は、バカにしているのだが、あなたに選挙権がある以上、国はあなたに優しくしないといけない。

「仕事ができない」

↓「何回でも転職できます。それに新型うつかもしれません」

「お金がない」

↓「生活保護の相談に来てください。パチンコをやっていてかまいません」

「加齢臭がする。太っている」

↓「便利グッズがあります。メタボなら病気と認定します」

「結婚できない」
↓
［晩婚化対策をしています。女性には高齢出産対策に全力です］

ここまで優しくしてもらったら、自分を徹底的に追い詰め、嫌いになる必要はなく、ちょっと嫌いなままで十分、やっていける。

では、これらが逆だったらどうだろうか。

仕事ができない？
↓
［あなたは社会不適合者ですね。2年以内になんとかしないと、労役に処することにします。女性は仕事ができる男の愛人になってください］

お金がない？
↓
［国は税金を払わない人には何もしません。餓死してください］

加齢臭がする？　太っている？
↓
［我々が加齢臭やらデブが汚いと、経済活性化のために流布したのです。C

Mを見てわからないですか」
結婚できない？
↓「子供を作らないのですか。なら去勢しましょう」

このように国が冷たく突き放すようになったら、あなたはなんとかして自分を変えようとするはずだ。

それをしないのは、周囲が甘やかしているのだ。人権ってやつである。
「それは国だ」と書いたが、あなたの妻かも知れない。親かも知れない。恋人かも知れないし、友人かも知れない。

「孤独」があなたを劇的に変える

すべての周囲の人間と国から見放されて、孤独にならない限り、人は滅多に

自分を変えない。

例えば、この時代の一般家庭は女性上位で、世界中から、「日本の中流以下の家庭は女性が主導権を握っている」と言われている。

言葉遣いが悪くなった女たちは、「あなたの靴下が臭い」とかの暴言を吐くが、夫の方は「女が偉い」時代に逆らえず、「ごめんなさい」と黙っている。それが妻を甘やかしているということだ。何しろ、その妻には欠点だらけ。化粧をしても隠せないくらい劣化していて、夫の下着を臭いと嗤っているが、本人の下着も使い古し。

しかしその妻は、世の中（国）の「女性が強いんです」という習慣にもなってしまった流行の上に胡坐《あぐら》をかいていて、なんら反省もせず、夫も何も言えないという悪循環の中で生活している。だから、何も改善しない。

暴言を吐く妻は、自分が醜悪だと少しは気付いている。

鏡を見れば分かるし、子供は、「お母さん、お父さんのことでうるさいよ」と言うものだ。だが、それを律するように叱る人はいない。

男も同じ。叱るのは私くらいしかいない。

甘やかすと、人は改心などしないのである。


私は、20歳の頃に、狂おしいほど好きだった女の子に嫌われて、その直後に親とも絶縁した。友人もほとんどおらず、孤独だった。

しかし、そんな環境を作ったのは自分だったのだ。

特に、親からは離れようと決意したものだ。

「男らしくないかも知れない」

そんな自分を吐き気がするほど嫌いになったから、それを治そうと思った。

5年ほど経ち、「丸ごと男みたいな人」と女子社員から、会社で言われるようになった。

私は以前よりも自分が好きになって、邁進《まいしん》したものだ。

自分を変えられないなら、一度、自分から孤独になってみてはどうだろうか。

第3章

孤独を恐れる13の「負の感情」の壊し方

負の感情1「女にモテない」

恋愛において「努力」はセックスアピールにならない

男にとって、女にモテるかモテないかは重要な問題だが、小学生の低学年のうちにはそんなことはなんら気にしないものだ。

男同士遊んでいて楽しくて、セックスもしないからだ。

要は、セックスなのだ。

大人になったらセックスがしたくなる。特にそれなりの美女とのセックス。

それができないとモテないというレッテルを貼られるわけだが、これはレッテ

ルではなく事実だ。

しかし、私の知っている限りでは、モテない男というのがどこにいるのか分からない。

見るからにオタクなのに、かわいい彼女がいる男の子を何人も見てきた。無職となんら変わらない貧乏な男が美女と結婚したのも見てきた。

逆に、頑張って仕事をしているのに独身のままという男が、私の知り合いに多いことはどこかにも書いた。

例えば、地味に努力を重ねていたら、「ダサい」と言われるかもしれない。

努力を重ねた結果、派手な実績を示せば、「かっこいい」だろうが、女性に限らず、**人間とは結果が華やかじゃないと、他人をあまり称賛しないものだ。**

「失敗した」と決めつけられるのだ。

小説がいい例だ。

小説家志望の男が、毎日のように徹夜をし、1年間で大作を書き切った。それはそれは地味な努力だ。途中、勉強のために難しい心理書も読んで、ノイローゼ気味である。

ところが小説は陽の目を見ずに、仕方なく自費出版をした。それを見た女子が称賛するだろうか。無視するか、**「なにやってんの。お金がもったいなくない？」**と笑われるだけではないか。その女子が、大作を書いたその男と優しいセックスをするはずはない。悲しいことに私にもその経験がある。

しかし、その大作が文学賞を受賞したら、見ていた女の子は絶賛。抱きついてきて、その日の夜はベッドインかもしれない。

私の知り合いの独身の男たちは努力をしている。しかし、その結果は少しずつ上がっていく給料にしか反映しない。そんなことはサラリーマンなら当たり前だが、それを称賛する女子はあまりいない。一気に出世してポルシェでも購入しないかぎりは、女子たちは気が付かないとも言える。

「恋愛においては、努力はセックスアピールにはならない」

という時代だ。
当たり前すぎることに、ずいぶん行数を使いすぎた。
女性を批判しているようにも読めるから、もう少し話を続けたい。

これでもまだあなたは「モテたい」か

男にはもともと頭の良い人間が極端に少ない。

分かるだろうか。
才気溢れる男や努力を怠らない頑張り屋は少なく、逆に天才がいて、才能がある男が突出して目立っているから男は偉く見えるだけで、残りの8割くらいはまるで頭が悪いものだ。男の特技はオナニーと凶悪犯罪というくらいだ。私が言ったのではない。戦争と殺人の歴史を研究した統計学の本を読めば明白である。

女は、平均して利口で穏やかで地味に頑張る人ばかりだった。過去形である。

しかも、女性の男性化で、平均して利口だった女たちが減ってきた。

つまり、**女性も突出して才能を発揮する人間が増えてきて、残りはほとんど昔の男のように凶暴になってきたのだ。**

女社長や政治家も増えてきた。政治家の女はほとんどがフェミニストの迷惑な人間ばかりだが、女社長には優秀な人が多い。

今の時代の女性は能力格差で、社会は混乱していると言ってもいいだろう。

平均して利口だったのは、温厚に家事や育児をしていたり、疲れている男の愚痴を聞いたりする優しさが重宝されていたからであり、それが利口だったわけで、社会進出をして「怒り」と「ストレス」を携えてしまったら、男と同じになる。

利口だった女の行動を捨てて、男のように生きるようになったら、当然、やるべきことは会社などでの仕事だ。だから働くことができるかできないかで差別されて、できない女子はすぐに会社を辞めるようになった。

だったら専業主婦を目指すべきだが、それも拒否。

家事もしない、育児もしない、仕事もできないでは、社会のなんの役にも立たない。そんな女性が急増している。育児も嫌がることでわかるが、優しさも失っている。

もともと、街は頭の悪い男たちの溜まり場。そこへ、「利口」を捨てた女子たちが大挙、押し寄せてきて、バカカップルが誕生している状況が今の日本だ。

仕事もできない、結婚しても家事はしたくない、育児は男に任せたい、という女子ほど恋愛依存していることが多く、彼女たちは社会から落伍している。

社会から落伍したからセックスしかしないとも言える。

セックスは、その人間の価値を少し上げる事ができるからだ。セックスをしているだけで勝った気分になる人は多いものだ。

「おまえがそうじゃないか」

と因縁をつけられるから、俺は仕事とセックスを両立している、と言っておきたい。

夜の渋谷に行ったある女の子が、

「先生、助けて」

と深夜に私に電話をしてきた。クラブからだった。

その女性はクラブが初体験で、友達に誘われたそうだ。

ナンパ、お持ち帰りが当たり前という雰囲気の世界。そこは社会の落伍者のたまり場だった。しかし、その女性は、**「平日の深夜に渋谷で遊んでいる男の子とセックスなんかしない」**ということだ。

だが、その店にいる男女は、セックスが目的でずっと朝まで店にとどまるものだ。少なくとも男たちはそうだ。

女性は努力して働いている男を無視して。

男は簡単にやらせてくれる女の子に夢中で。

モテたいなんて、くだらなくないか。

男の人生においては、男の才能を見てくれる女性と一度出会えば成功なのだ。

負の感情2「嫉妬深い」

嫉妬の理由をとことん考えて語る

私が、「女性向けの恋愛書はもう書かない」と言ったら、いろんな女性から、「たったひとつ、男性を選ぶ時に重要なことがあるとしたらなんですか」と訊かれるので、いつもこう答えている。

「人を妬《ねた》まない男にしなさい」と。

嫉妬を辞書で引くと、「自分よりも優れている者を妬むこと」と書いてある。

情けない感情だ。

恋愛の感情で、自分の彼女が他の男に目を向けた時に、やきもちをやいてしまう事に悩んでいたとして、それくらいはよい。

読者の男でそれに悩んでいるとしても、「彼女がいれば十分に勝ち組でいいじゃないか」ということだ。**本当に他の男と浮気しないように、もっと惚れてもらえるように向上心を持ち続ければいいのだ。**

問題は成功者や何かに優れている人を妬むことで、その男はどうしようもなくカッコ悪い。

その男が、ある程度仕事ができたり、何かの特技があって周囲から好かれていても、「お金持ちは死ねよ」「イケメンはセックスばかりしやがって」と単純な暴言を吐いていたら、取り返しがつかないくらい信用を失う。

では、どうすれば優秀な男に対する嫉妬心をなくせるのか。

「考えること」だ。

「金持ちは死ね」と言うなら、お金持ちが死んだ方が良い理由を語れるように。

イケメンやモテる男が憎い理由を語れるように、考えることだ。

あなたは感情的なだけでなんら考えていない。

考えて考えて、お金持ちが死んだ方がよい理由を語って相手を納得させればいいのだ。好きな女性を納得させられなければ、あなたが間違っている、ということだ。

あなたの劣等感を伴う嫉妬心を3人くらいの好きな女性に話して、そのうちの誰かが納得してくれたら、それでよい。

完全に孤立した人生にはならないだろう。

負の感情3「寂しい」

欲望の対象を少しだけ嫌いになってみる

男性読者で彼女がいなくて寂しい人がいたとしよう。

女など「穴」だと思ってもらいたい。

ここで女性読者は怒らないで欲しい。 **女だって、「男はただのオス」「ハイスペック男子がいい」とか言うでしょう。「おまえのスペックは高いのか」と男たちは呆然としているものだ。** それら、男に裏切られたりした結果の暴言だと思うが、男たちにもそんな気分になる時があることを理解してほしい。

「女なんか面倒臭いだけで、良いところは穴があってそこに射精ができるくらいしか見当たらない」

たまにはそう思うくらいの、ある意味悪い冷淡さを時には持たないと、偶像崇拝になってしまう。

長年、彼女がいなくて寂しい男は、女性が素晴らしい生き物だと勘違いしているところがある。女体に憧れているのも痛いところだ。肌は白くて艶《つや》があり、乳房は夕日が沈んでいく砂丘の如く、美しい曲線を描いていて、桜色の唇はセックスの最中、愛の言葉を喋り続ける。

違っている。

肌はアレルギーやストレスで荒れ放題。グラビアアイドルのような乳房を持っている一般人の女の子は滅多にいない。好みが巨乳だとしても巨乳だとほとんどがデブ。若いのに垂れたおっぱいばかり。

残念ながらこれが現実だ。

セックスの時に、「愛しています」なんて言わない。

「もっと奥まで入れて」「もう終わり？」

女などこんなもの。

寂しい感覚が強ければ、その欲望の対象を少し嫌いになればいいのである。

ただし、本気で嫌いになってはいけない。

本当に寂しくなってしまう。

お互いに本当に愛しあっていれば「愛してる」と言う女もいるのは事実だ。

親が早くに死んでしまって寂しい人は、時々、「なんでお母さんは早く死んじゃったんだ。俺を残して」と恨み節を呟くものだ。それでやり過ごしているのだ。母親を心底嫌いになったわけではない。

孤独と戦っている人は、誰かと会話ができる場所を見つけるものだ。

寂しいなら、街に出ないといけない。

負の感情4「自信がない」

男の「自信」には「いい出会い」が必要だ

人が自信を持つためには、「いい出会い」がないといけない。

誰かが、「あなたは素敵なひと」と褒めてくれないと、その人間は、なんら自信を持てない人生を送ることになる。

幼い子供は、自分が優秀かどうか、何ができるかどうか、自分では分からず不安な毎日を送っている。だから、**長所を親が見つけて褒めてあげないといけない。**

例えばテストの成績が悪くても、他の長所を1日1回くらいは指摘してあげるのがよい。すると子供は、「僕には才能があるんだ」と思って自信を持つようになる。だが、社会に出ると新たな課題が出てきて、上手くいかないとまた自信を失ってしまう。仕事もそうだし、大人になると恋愛もしないといけなくなる。

なんの理由もなく、根拠もなく、自信満々に生きている人間などいない。

ある女性が勝手に、「私は美しいわ」と口にしていたら、その女性はほとんど心の病気ということだ。

だが、その平凡な女性が、男とデートなどをした後、「女に生まれてよかった。人生、楽しいんだ」と言っていたら、その男が長所を褒めていたり、「君はキレイだよ」と言って愛してくれたのだ。

あなたに素敵な出会いがあることを祈っている。

負の感情５「評価されない」

努力して結果が出なくても
別のアプローチはやってくる

努力したまえ。

努力に努力を重ねている人間をなじる人は滅多にいない。

努力をしている有名人を叩いている男たちは多いが、彼らは嫉妬の塊で、自分が努力をしたこともないから、あんなにしつこくうるさいのだ。今だに見かける石川遼選手のアンチなど異常としか言えない。

自分が努力をしていたら、人の苦労が分かるようになるが、道徳的な理屈とはいえ大事なことだ。

努力をしない人間は、大半が人生の落伍者となる。

努力をして失敗しても、誰かが見ていてくれている。

結果が出ないとモテない話をしたが、努力する姿は男や子供が見ているものだ。努力していれば愛される確率は上がる。

最近は、「努力をしなくてもいい」「楽をして稼ごう」という自己啓発、ビジネス書が多いが、才能がある人に向けた言葉だと思ってもらいたい。

才能もなく、または才能が開花もしていない男が努力も怠って、誰かに評価をされることはない。当たり前で口にするのも恥ずかしいものだ。

誰にも評価されない人生は寂しいものだ。

好成績を挙げたら確実に評価されるが、数字だけがその人のすべてではなく、頑張っている姿を応援してくれる人が必ずいる。

サボっているから評価されないのであって、口だけだから評価されないのであって、評価されないのは自分の責任なのだ。

サッカーの超一流選手は、年俸が何十億という場合もある。彼らは数字的な結果を出して、その年俸を得る。だが、もちろん人並み以上の努力をしているではないか。

ある有名なサッカー選手を「イクメン」とNHKが紹介していたが、まさか彼が育児に没頭して練習をサボっているはずもなく、「俺もイクメンになって仕事を適当にしたい」と思っていても、滅多なことで成功などしない。努力をしたがらない人間は必ずといっていいほど、成功者が努力をしている事を見たがらないものだ。

努力をしていて、もし、結果が出なくても、別のアプローチ（仕事）がくることもある。その仕事がだめでも別の仕事がくることもある。会社でなら、別の部署からアプローチがくることもある。

私くらいの小さな成功者のエピソードの方がリアリティがあると思うから、もう少し話を続けたい。

30歳の頃から執筆の仕事が入るようになった。「君の文章は面白い。読みやすい」とよく言われたものだ。

「どこで文章の勉強をしたのか」と若い私に聞いた年配の編集者もいた。

「10年以上、毎日文章を書いていました。向田邦子さんの小説をノートに書き移したり、テレビも見ないで毎日本を読んでいました」

「テレビも見てなかったの？」

「僕はカラオケで歌えない年代があります。20歳から10年間の日本のヒット曲を知りません。アイドルも知らなくて」

私がそういう話をすると、年配の偉い人たちは感心した表情を浮かべていたものだ。それが今の仕事に繋がっているのかも知れない。

今ではアイドルグループの動画を見る余裕もあるが、おニャン子クラブも知らなければモーニング娘。も知らない青年だった。

では何をしていたのかと言うと、**ずっと勉強していたのだ。努力していたのである。私は天才じゃないので。あなたは天才なのか。違うだろう。**

では、評価されたいなら努力を重ねるだけだ。

負の感情６「バカだ」

里中流「バカの定義」

「バカ」という俗語は極力使いたくないが、この頃はご理解いただきたい。
私の私見で言うと、バカとは、

□同じ過ちを繰り返す
□未経験のことを口にして正しいと思っている

ということがいえる。

同じ過ちを繰り返す人間は、「我慢できない」という生まれつきの性質を持

っていて、どうすることもできない。カウンセリングで改善するなら、覚せい剤の常習者もいなくなるだろうし、ジャンクフードの食べすぎでデブになる人もいなくなる。

そんな、命を失ったり、家族から見放されるような過ちを繰り返す人間を「バカ」と言うのであって、失敗を繰り返す場合は少し異なると思っている。似合わない色の洋服をまた買ってしまったとか、些細なことは人は忘れてしまうから、そんな失敗をバカとは言わないのだ。

未経験のことを軽々と口にするバカ

問題は次の、未経験のことを口にする人だが、これは羞恥心の欠落ともいえる、やはり精神的な病でもある。ただ、若いうちは怖いもの知らずだから、勢いで喋るものだ。セックスの経験が少ないのに、恋愛論を語る男の子は多い。

バカとは実は、経験豊富な人に、「バカだな」と言われて初めて決定することであり、分かりやすく言うと、高校生の男の子に40歳の男が生き方のことで「おまえ、バカだな」と言われても、40歳の男がバカと決定することはないのだ。

海千山千の男に、「おまえ、分かってないな」と言われたら嘲笑されていることになるから、そこを経験するように行動すればバカではなくなる。

少女が覚えたての道徳を口にする。単純な言葉だ。

「不倫はだめだよ。奥さんが傷つくよ」

それと同じ罵詈雑言《ばりぞうごん》を私に投じてくる大人の男がいる。

50を過ぎた私が「バカな男だな」と失笑する。

その時点で彼らがバカだと決定する。なぜなら未経験ゆえに「恋愛は複雑」「結婚は制度」という事実を知らないからだ。

負の感情7「頭が悪い」

「頭が悪い」と自覚していれば頭は悪くない

心配しなくても、国民の半数は頭が悪いから、あなただけが落ち込むことはないし、あなたは本を読むのだから、考える力を持っている。


頭がいい人は集中力があり、時間の無駄遣いをあまりしない。

また、物事の本質が分かり、大衆に流されない強さも持っている。

頭がいい人は、思考する力があるということだ。ひとつひとつの問題を分析して、自分の言動に反映させる。

頭の悪い人は考える能力がなく、集中して仕事をやれる力もない。

しかし、**あなたが頭が悪いことがコンプレックスになっていて悩んでいるなら、謙虚になっている証拠だから、実はそれほど頭が悪くはないのだ。**

本当に頭が悪い人間は、「自分は頭がいい」と思いながら、あきらかに間違えた言葉を作っているか、大衆の考えに乗じているものだ。

前者は精神疾患の人がほとんどだが、後者は、普通に頭が悪いのである。

考える能力が欠損しているわけだ。

「安倍内閣の支持率が急落。辺野古の埋め立てに反対」

とマスコミが言ったら、「俺も反対」と思うだけではなく、女子高生でも思いつく言葉を威張って口にするものだ。その自分の言葉を「鋭い意見だ」と思っているから、致命的に頭が悪いのである。

頭のいい人は、一度言葉を飲み込む。

「俺が今から言う事は正しいのか」と。

あなたにそれができるなら、あなたは頭が悪くはない。

負の感情8「臆病だ」

あなたが怯えている
その「リスク」とは何か？

臆病とはもちろん、清水の舞台から飛び降りることができない、ということだと思う。まさか、お化けが怖くて怯えているわけではあるまい。

「自分は平凡に生きる」
と決めたら、それはそれでいいのではないか。

私はそういう生き方は望んでこなかったが、人それぞれだ。

そもそも、強い人間などいない。

何か賭けに出て成功した人も、たまたま上手くいっただけに過ぎない。


「成功自慢」をしている人は実はそんなにはいないものだ。

それくらい、人の成功とは運によるものが多い。何かの成功を目指して勝負をするなんて、それは無謀とも言える。

ただ、私が若者たちと会ってきての感想だが、独身なのに奇妙に怯えている男は正直、見ていて不愉快だ。

何がリスクなのか教えてほしい。


そもそも、夢とは、リスクの中に存在するのだ。


それでも怖いのなら仕方ない。

確かに家族を持つ男が、仕事を変えて失敗したらその家族は路頭に迷う。共働きの時代とはいえ、日本は男性社会。生活費を妻に依存するのは恥ずかしいとも言える。

一方の独身の男には、なんらリスクはない。

親が病気なら仕方ないが、親が健康なのに、「親の面倒をみたい」と言っている男も多い。双方、依存しているのだろう。健康な親は年金だけが不安で、健康な息子は親と一緒に暮らしているのが安心で、共働きみたいなもので、双方の安い収入が頼りなのだと思う。

親と一緒に暮らしていることによって、海外旅行に行くお金ができるとか、趣味にお金をかけられる事に熱心な男も多い。まあ、彼らが自分を臆病だとは思っていなくて、楽しんで生きているのだと思う。あなたは、

「やりたいけど、思い切ってできない」

その感覚にがっくりするのだろう。

それは、本当にやりたい事が決まっていないのか、やりたい事が大きすぎてできないのである。

自分にとって一番の楽しいことは何か。

それが分からないケースと、分かっているけど、その規模が大きくて、やりたい事に着手できないケースとがある。後者の場合、勝負をかければできるかも知れないが、成功する確率は低い。

あなたは臆病ではない。
やりたいことが決まればそれに熱中できる。

やりたい事が大きすぎて無理だと思うなら、少し妥協すればいいではないか。
誰も笑わない。

どの職業にも、最上級、上級、上、中の上、中、下とあるものだ。
その最上級を目指さなくて、中の上くらいから出発しても、最後に最上級に上り詰める事ができる幸運もある。

負の感情9「優柔不断だ」

男の弱体化を描く漫画がなぜウケたのか？

昔、『めぞん一刻』という大ヒットをした恋愛漫画があった。

主役の男には、とても好きな年上の女性がいたが、他にも気になっている女の子がいたり、その年上の女性が未亡人だった事と、その未亡人を口説いているイケメンがいたから、優柔不断にナヨナヨと行動をしていた。

それを許していたのが、その未亡人だった。いつまで経っても口説いてくれないのに我慢していたが、結局、彼と結婚した。彼が結婚後に優柔不断が治ることはないと思う。

まあ、漫画の世界だが。

あなたが優柔不断なのは、親のせいである。

「おまえが決めろ」

と親に教育をされなかった。

なんでも決めてもらって与えられてきたのだろう。

うちの息子は、遊びに行く時に母親に「だめだ」と言われると私の書斎にやってきて、「どうすればいいか」とよく聞く。私は仕事をしているから面倒臭そうに、「自分で決めろ」と語気を強めて言うものだ。まだ子供だからヒントは与えている。「雲行きが怪しい。ゲリラ豪雨になるかもしれないが、それでもいいのか」とか。

他にも、お年玉を使っていいかどうかなど、「自分で決めろ」としか言わない。

若い頃から、私は自分でなんでも決めていた。

父親の転勤で学校が変わり、そこで病気になってしまったから、一時は親のことを信じなくなった。結果、自分で決めるようになった。

今でこそ、優柔不断など当たり前の時代で、レストランに入ったら、メニューから料理を選ぶのに時間がかかっている男はいっぱいいる。それを女性も怒っていない。

私はある女性との初めてのデートで、前日の仕事の疲労でエネルギー不足を感じていたから、「とんかつを食べたい。いいか?」と言って、さっさと店に入ってしまったのだ。実はその女性が後に妻になったが、**彼女たち、少年漫画のラブコメディを知っていた世代の女の子たちは、優柔不断な男が嫌いだった。逆に男たちには爆発的に売れたので、男たちは、弱くなりたかったのだろう。**

もちろん、私には関係ないことだった。

高橋留美子さんは好きだが、男の弱体化を表現した高橋留美子さんの『めぞん一刻』。あだち充さんの『みゆき』。尾崎豊が歌う「自分は弱い」「抱きしめてほしい」というニュアンスの言葉……これらのファンだった人たちが、今のあなたたちの親だ。ちなみに、尾崎豊もカラオケで歌うので嫌いではない。尾崎豊の歌詞を嫌がった話で、彼のファンから叩かれた事があるので念のために言っておく。

優柔不断で当たり前。悩む必要はない。治す方法はない。

決断を迫られるほどの事態に直面していないとも言える。

強いて言うなら、男の決断力が顕著に出ている『タワーリング・インフェルノ』や『ミッション・インポッシブル』などの映画ばかり見ていてはどうだろうか。

私が愛している漫画は『ブラック・ジャック』だ。ブラック・ジャックを優柔不断だと言う人は日本に１人としていないだろう。読んでみたまえ。

負の感情10「勉強ができない」

あなたを「バカだ」と罵る環境なんて捨てろ

勉強ができないのは、あなたの頭が悪いからではない。苦手なことを勉強しようとしているのだ。

私は昔、岩波文庫の『プロテスタンティズムの倫理と資本主義の精神』を読んだがさっぱり分からなかった。だが、今なら宗教社会学に興味があり、欧州の歴史も知りたいので、読めば楽しいかも知れない。

若い人は知らないと思うが、ロックに昔、プログレッシブ・ロックなるジャンルがあった。私はピンク・フロイドは熱中して聴いたが、ライバルだったイエスは何回聴いても面白くなく、イエスの音楽を追求する気にはなれなかった。

また、ブリティッシュ・ロックならすんなりと耳に入るが、アメリカン・ロックは受け付けず、ブルース・スプリングスティーンなど興味がない。ところが、ブラック・ミュージックは好きで、ライオネル・リッチーのライブに先日行ってきた。それはそれは心地よく、ライブを楽しめたものだ。

つまり、**あなたは好きなことを勉強すればいいだけで、興味のないことの知識を頭に詰め込む必要はないのだ。**

もし、興味がないことを覚えていなければいけない環境にあったら、あなたは「俺はなんてバカなんだ」と錯覚するだろう。

その環境から逃れないとだめだ。どんな環境でいるのかは知らない。

あなたのことをバカだと罵るのは、会社なのか。家庭なのか。

あなたが興味がないことをその環境下で勉強するように強いられているのだ。

それだけのことだ。

負の感情11「スポーツができない」

会社のスポーツ大会は堂々とサボれ

それこそ才能だが、ある程度、体を軽くして鍛えれば、どんな男でもゴルフくらいはできる（上達はしないが）。

私もスポーツ万能ではないが、体重が軽い上にボルダリングをしているからか、とても素早く動ける。

足腰のけがも子供の頃に駅の階段から飛び降りた時だけだから、体重が軽いと得をする。

太った体を絞って、人気スポーツの知識でも増やしていけば、スポーツができなくてもできるように見える。

ところで、スポーツをしなければいけない環境とはなんなのか。

日曜日に、会社の野球大会に出るとか。

会社に強制される行事には断固反発するように。あなたは会社の奴隷なのか。

どんなにスポーツ音痴でも筋トレやジョギングはできるだろう。

それでも立派なスポーツだ。

だから、**スポーツができなくて悩んでいる人がいるとしたら、誰かに強制された常識に無意識に従わないといけないと思い込んでいる人たちと言える。**

スポーツ大会を強制されたなら、腐ったものでも食べて腹痛を理由にドタキャンしなさい。

その次は父親を危篤に、また次は兄弟を危篤にするといいだろう。

負の感情12「女に『キモい』といわれる」

男に悪態を吐く女をまともに相手にするな

その女は心が醜いわけだから、こう言ってやればいいじゃないか。
「おまえも気持ち悪いよ」と。

気持ち悪いというくらいだから、あなたとセックスしたこともないのでしょう。だったらその女から逆リベンジポルノもあるまい。

そもそも、一昔前までは女性は男に悪態など吐けなかった。

地位が低かったからだとして、では地位が高くなったら、こんなに言葉が汚くなったということだ。

だから女性は、昭和の時代から進化したのでなく、退化して、ただ汚くなっただけなのだ。バブル期以降の打算っぷりそのままだ。

病んでいるんだ。

男に悪態を吐く女は病気だ。

「里中李生は男根主義の古いオヤジ」と女に言われたことがある。「男根」なんて言葉、私ですら使わない。私の知り合いの男は、彼女から「ペニスが小さい」と言われてＥＤ（勃起不全症候群）になった。しかも、浮気相手と比べたとか。

女という生き物は美しさを競うものだ。

だから、羞恥心と清潔感を大事に、言葉も綺麗じゃないといけない。

古い？

そうか。古いか。

話はこれで終わりだ。

私は女性論はもう話したくない。ただの古いおっさんと言われるだけだ。女たちはもう終わっている。子育てすらする気がない女が続出している。自然に反しているではないか。すると、どこかのバカが、「動物や昆虫はオスも子育てをする」と呆気《あっけ》にとられる屁理屈を押し付けてくる。そこまで言うなら、5億年前まで遡《さかのぼ》って、有性生殖から語りたまえ。

女なんか無視すればよい。
他に楽しいことはいっぱいある。

どうしてもセックスがしたいなら、お金を稼いでお金でセックスをすればいいだろう。その方が割り切れる。あなたが気持ち悪くても、大金で足を開く女はごまんといる。

ところで、女も精神異常者じゃなければ、他人の中傷を面と向かっては滅多にしない。特に生まれつきの姿態には言及はしないだろう。男性の低身長を気持ち悪いと言ったら、友達から、「あんた。それは言っちゃだめだよ」と批判されるはずだ。

しかし、デブを指して「気持ち悪い」とは陰口も含め、多くの女が言っているものだ。デブは改善ができるからだ。「悔しかったら痩せてみろ」というわけだ。

例えば、女子高生が穿《は》くような白い靴下にこだわっていたとしよう。マイケル・ジャクソンじゃあるまいし、それは気持ち悪いと言われても仕方ない。しかも改善できる。

話し方セミナー、喋り方講座などもある。

自分で努力してみたまえ。

「また努力しろか」だって？

では文句を言わないことだ。

負の感情13「金がない」

「世の中はお金がすべて」と認めることが稼ぐ第一歩

お金がないと孤立する事が多々ある。

お金がなくても、あなたを助けてくれるのは親だけかも知れない。

しかし、親が遠方にいたり、亡くなっていたら、あなたは頼れるものはなくなってしまう。


お金は裏切らない、と女や親友に裏切られた男がよく言うが、それは当たっている。使い方を間違えなければ、お金の威力は半端なく強大だ。

お金があればなんでもできる。

たとえ、孤独になっていても、男ならセックスもできる。愛人契約というのもある。最近の愛人は昔と違い、女子大生くらいの子たちがバイト感覚だ。月30万円で週2回のセックスということだ。それだけで一時、あなたには女ができるということだ。「パパ活」というのもそうなのだろう。

「金で確保した彼女は嫌だ」って？

そんな純愛少女漫画のような気持ちでいるから、あなたはいつまで経ってもお金を稼ぐことができないのだ。その愛人を得た経験が、あなたの将来の役にたつ。悪徳や偽善を知っていれば、それを語れる仕事もくる。経験豊富な男には人が集まるのだ。

私は決して悪いことをしろ、と言っているのではない。

そもそも、女と愛人契約を交わすことなど、なんら悪い事ではない。合意しているのだから。なのに、「里中は汚いことを言っている。奥さんがかわいそうだ」とアマゾンに書かれるのだ。現に私も一言では語れない複雑な生活をしている。戦略的な人間には吐き気がする。

世の中の本当の悪徳とは、愛人をちょっと持つ事と比較にならないくらい巨悪で、そんな横行している巨悪と比べて愛人くらいでぎゃあぎゃあ喚く男たちの小さい事。

いいか。

世の中はそんなにキレイじゃないのだ。

政治家はお金でしか動かない。もちろん、何千万円から億単位のお金だ。

冷めきった夫婦がいたとしよう。

なぜ離婚しないのか。寝室も別だ。

それはお金と制度で繋がっているからだ。

稼いでいる方が仮に夫だとしたら、冷めているとはいえ、妻にお金を渡すことを自分の仕事としている。妻は夫の世話はしないが、子供の世話と家事はす

るのかも知れない。または、

「あなたがいないと生活できないから、離婚はしたくない」

そう妻から頼まれているかもしれない。夫も頼まれるまでもなくそれがいいと思っている。それは結婚制度にしがみついているのである。体裁というものだ。


お金と制度に依存した仮面夫婦は多いものだ。

汚い事ではないと思うが、美しいわけでもない。

世の中はとにかく汚いのだ。

それを認めないと、いや、一時的にでも自分の一部にしないと、あなたはお金は稼げない。

人を騙せとか、違法行為をしろと言っているのではない。

お金を稼げない人は、純粋なバカなんだ。

頼まれたら断れない人も多い。

低賃金の仕事を引き受けてしまう。

そんな人たちは、何が人助けなのか分かっていない。

甘えている人間に厳しくすること。人を舐《な》めている人間を叩き落とすことがその人のためになる。または世の中のためになるのだ。繰り返すが、あくまでも甘えている人間や人を舐めている人間だ。頑張っている人を叩き落とすのはダメだ。

どこかにも書いたが、「福島の人たちを助けてください」と募金箱を持っている若い男に１円も募金しないのが、その男のためなのだ。１日中突っ立っていないで、バイトでも始めるだろうから。

私も若い頃に新聞の勧誘で押し切られたことがあるが、「あの小僧、バカだったな。里中なんとかって言う新人の作家らしいが、本を買うはずないのに契約してくれたよ。けけけ」と彼らは嗤っているだろう。

「俺は自分の得になることしかしない」

という気概を持って生きてみたまえ。お金が入ってくる。

無駄遣いもお金がなくなる理由だ。

食べる必要がないものを買う。（私も経験したが）打算的な女に騙される。

しかし、大災害に遭い空腹で倒れている女子を助けて、「当座のお金だ」と渡して、その子が、「あいつ、バカだな」と後になって豹変《ひょうへん》することはないだろう。「このご恩は一生忘れません」と思うかもしれない。

そんなお金の使い方なら、あなたにはまたお金が廻り戻ってくる。オカルトではない。人間は、真実を知り、真実にお金を使ったら、お金を受けたものたちから礼をされる。

では真実とは何か。無論、「世の中は汚い」ということだ。そして、「本当に弱い者もいる」。

とにかく、世の中はお金だということだ。

愛を持続させるにもある程度のお金が必要だ。

「私は一生貧乏でいいです」

という美人などいない。しかし、貧乏な男と結婚する美人もいるものだ。

「大好きだから」と言っているが、それは始めだけであり、仕事ができない事に怒って、すぐに冷めていくものだ。大好きだったのも本当だろうが、きちんと彼氏の力量を見極めずに結婚を急ぐのは、女は、「結婚したら勝ち組」と思っている生き物だから。

なので、貧乏な男とでも結婚する。

あなたは、世の中がどんなに汚い世界かを勉強をして、「お金を稼いでやる」と歯を食いしばって部屋のドアを蹴り飛ばして破壊するくらいの力を出せ。

若い時の私がそうだった。

最後に、**世の中が汚いと悟ったあなたは哀しみをまとう。**

ふとした瞬間に落ち込むだろう。

そんなあなたを見た女性が、あなたを励ましてくれるだろう。それが女の愛だ。社会の巨悪と戦う男を愛すのが、本当の女だ。

第4章

「孤独になりたくない」ではあなたは一生成功できない

嫌われてかまわない「劣悪な女」

とどまることのない「女のナルシスト化」

男の人生において大切なものは、古くから「女」。

昔の女たちには、本当に男は救われてきた。ありがとう。昔の女たちよ。


今の時代は、女たちは男にとってストレスの一因になっている。

私がこれほど怒っているのは、育児放棄をする女が多いことだ。

子供に、肌の接触をもって命の強さを教えるのが母親の役目なのに、それを放棄している。

毎月のように子供を殺したり虐待する母親が出てくる。それに対して、同性の女たちが一斉に怒る様子もない。あきれてものも言えない。ところが、男女共同参画や男女平等の問題には、カラスの鳴き声みたいに醜悪にうるさい。どういうわけだ。女たちのナルシスト化はとどまるところを知らない。

だから私は基本的に女が嫌いだ。

「かわいそうな男だ」とネットに書かれるから言っておくが、このキャラで50年間生きてきて、十二分に女性たちから好かれてきた。

私は数えきれないほどの女性と会ってきた。最近はコンサルティングもやっていて、いろんな恋愛の悩みを抱えた女性と話をしている。

正直、女は劣悪だ。しかし、男は凶悪な人間ばかりだ。だから「女は劣悪」と言ってもそれは褒めていると思ってもらいたい。

特に恋愛に関して女は盲目。頭のおかしな男を好きになって、「そんな男と結婚しても不幸になるよ」と進言しても聞いた女はほとんどいない。右の耳から左の耳へ見事に抜けていく。

ただ、「彼氏の話を聞いてほしい」だけで私の所にやってきて、「別れなさい」と言われても最初からその気はないから別れない。

また、**DVなどで苦しんで離婚した女がいても、次の男も暴力的な男になると相場が決まっている。**もうユングを読んで分析する気力もなくなった。ルソーもニーチェもこの時代の女子には通用しない。私の古い恋愛書を読めばその頃は快活に女の子たちを励ましていたから、「今の里中はもう疲れている」と分かると思う。

少し前にNHKで『軍師官兵衛』という大河ドラマがあった。織田信長の時代の物語だ。あの頃の女性の地位は確かに低すぎた。テレビ上、脚色しているが、セックスも男たちの思うままだったはずだ。

その前には坂本龍馬の大河をやっていたが、それが幕末、維新の時代。男たちが国を統治するのにますます長けてきて、女性の地位は上がらない。

ところが昭和になって、40年半ばからウーマンリブが流行り、女は一気に強くなった。昭和ウルトラマンのＤＶＤを観たら、彼氏に買い物の品をすべて持たせて、手ぶらで歩いている女の子の映像がある。昭和47年くらいだろうか。バブルになると、アッシー君などが出現して、それを嗤った女たちが男を顎《あご》で使うようになった。

「一部の」と言いたいが、相当な数の女の子たちが街では、お金と男遊びに興じた。そのバブル時代に、「強欲は楽しい」と女たちは覚えて、その時代の女たちが母親になってからは、娘の教育に悪影響が出始めた。

頑張ることが嫌いな女たち

バブル崩壊後にもその傾向は続いている。**セックスは完全にフリーになって、何をしても怒られない。20歳で男の経験が50人、と喋ったところで嫁に行ける。**

それなのに、まだ不平不満ばかり言っている。

つまり完全に、男を超えないと気が済まないのだろうか。いや、そうではなく、**頑張るのが嫌いなのだ。**

子育てを頑張るのも嫌。様々な場面、場所でレディース優遇をしてほしい。**実際には、男を超えるとか男女平等にしたいと喚いているのは、本当は政治家のフェミニスト女性と婚期を逃したキャリアウーマンだけで、20歳くらいのかわいい女の子たちがそんな面倒臭いことは考えない。**ただ、努力するのは嫌いな傾向はあり、ゆとり世代は特にそうだ（男子も例外ではない）。

男の頑張ることや努力することを仮に、「仕事を定年までやり遂げること」「お金を稼ぐこと」としたら、女にはそれが難しいのは明白なので、だったら別のことを頑張らないといけないと私は思うが、違うようだ。

懸命に愛情をそそぐという意味で、「男に尽くす」という言い方をしたら、「ふざけるな」と怒り出す始末。

自分の人生を楽しみたいと、快楽主義を主張する。快楽と言う言葉は品がないようで、彼女たちは自称「輝くわたし」だから気分を害するようだが、**自分**

の趣味と人生のためだけに生きる人間は快楽主義者で、それをやって恰好がつくのは無頼派とヒロイズムが似合う男だけだ。

無頼派は私は嫌いだが、仮に無頼派の定義を、ケンカ、酒、セックス、ギャンブル、放浪と解釈したら、それを女がやっていて、少なくとも美しさは保てないだろう。

「尽くしたくなる男がいません」

と言われそうだが、無能な男と付き合っていたらそれは当たり前で、女の子たちが優秀な男を探して歩く話も聞かない。とりあえず、近場の男で済ませる。

子供をひとりで育てない女たちも、もう日本の8割以上になると思うが、その話を書くと、「男も育児をするべき」とヒステリーを起こしている女たちの狂った思想に攻撃されるからここでは書かない。

我慢に我慢を重ねる男たち

共働きをしている女のブログに「女はいつまで我慢しなければいけないのか」とあったが、**その女が男に殴られ続け、セックスの奴隷になっているわけでなく、なんの我慢をしているのか皆目見当がつかない。**

何か我慢を強いられる生活をしていたとしても、**大局的に見ても女が優遇され、スポイルされている時代。「逆に、男が我慢に我慢を重ねている」と断言してもいいくらいだ。**

そもそも、結婚したら女が我慢するということになったら、とんでもないほど優しくない男としか付き合っていない証拠だ。

女が我慢することが仮に、「おまえは家事だけしていろ。遊びに行くな」と言う男に自由を奪われている事だとしたら、それはその女が男選びを失敗しただけに過ぎない。そんな暴力的とも言える男を好きになって、「女が我慢している」とか成功者が憎いような発言を繰り返しているのが、今の時代の女たちだ。

しかもセックスをフリーにさせてもらっている感謝はしない。

「感謝しろだと、どんなに男が偉いんだ」と怒ると思うが、セックスに関してだけなので怒らないように。

セックスは女が主導でできる行為ではない。レイプが男のセックスであるので分かるはずだ。ヒトのメスは発情しないし、そもそも（知らない男や無能な男の精子で）妊娠のリスクがある以上、不特定多数の男とセックスを楽しむのは危険である。それを不特定多数の男とセックスができるようにしてあげたのはフェミニズムの社会だ。

まず、処女の価値を無くした。

コンドームやピルを世界中に配った。

どうして処女の価値を無くし、どう時代が動いたかは紙数の都合で割愛させ

てもらうが、それによって女たちはセックスはもちろん、恋愛を自由に謳歌《おうか》できるようになった。そして、

仕事をしない男と結婚もさせてもらえるようになった。

その男と結婚して、「我慢している」と、文句を言っているのが今の時代の女たちだ。

あなたが「いい女」を手に入れるにはどうすべきか？

私も昔は女が大好きだった。自分を律せられる凛《りん》とした羞恥《しゅうち》心があり、子供に優しい女たちだった。実家の倉庫に初恋の女性からの手紙があった。それはそれは大人びた文章であった。

そんな女はもう絶滅危惧種《きぐ》と同じ割合にしか存在せず、だから私は、女から「好きです」と言われても、しらけている。どうせ、元カレのセックスの話をする淫乱しかいないのだ。

しかもその話が、「車の中でフェラチオして抜いたことがある」とかリアルで、もう精神異常としか言えない。

そんな病的に羞恥心が欠損した女の子でも嫁にいけるのは、男たちがあきらめたからで、あきらめた男たちも悪い。私のように強くならないと、あなたは「いい女」を手に入れることは一生できない。

別項で、「男に尽くす女がいる」話を書いた。

彼女たちは同じ知識を持ち、こんな性質をしている。

□羞恥心がある。
□仕事ができる男が優秀だと分かっている。
□今の時代、女がスポイルされていると分かっている（謙虚ということ）。

□子供に優しい。

□ファッションや美容が好きで、美しさを追求している。

あなたは、これらが揃っていない女から、「好きです」と言われても無視をして、夜の街に男と酒を飲みに行くくらいの器でいてほしい。

女は美しくて子供に優しくて、それで初めて女なのだ。

「女は強い」という戯言《たわごと》で乗り切れる時代じゃない。**仮に女が強くなったとしても、優しくなくなったら、なんの意味もない。**子供たちが混乱する。

女たちは「優しい男と結婚したい」と口を揃えて言うではないか。

では、自分たちはどうなのか。

「優しい男が理想なんだ」と、定番のセリフを口にする女に、あなたは切り返さないといけない。

「君は優しい女なのか」と。

深い考えなしの「エセ道徳」を嗤え

あなたは本気で自分を「道徳的」だと思っているのか

「犯罪を犯した者を見たら、すぐに死刑にしろとか、人間失格と罵倒《ばとう》する奴が嫌いだ」とツイッターに投稿したら、

「犯罪者は人間失格。里中さんはおかしい」

と知らない男に言われた。

善悪の区別は心理学上、倫理学上では本当に難しい。

すぐに「人間失格」と口にする人が多いが、**あなたは完璧な人生を歩んでい**

るのか、と、まず問いたい。

誰も傷つけた事もなく、マナーもしっかりと守って、誰かにお金を借りたこともない。

そして、そのことを残りの人生でも続けていく自信があるか。

法に触れていなければ自分は偉いと思っていたら、相当能天気だと嗤《わら》っておきたい。

偉いとは思わずも、「常識的に、道徳的に生きている」と勘違いしているのだろう。法に触れずに、逮捕もされないで生きているのは、運が良かっただけに過ぎない。私もそうだ。まぐれで捕まっていないだけに過ぎない。そして誰かを傷つけてきた。

完璧な人間ではないから、有名人が罪を犯したらそれを叩くことはしない。もちろん、罪を犯した者を誰かが叱らないといけないので、罪人を甘やかしていいと言っているのではない。だが、その誰かが、あなたたちとは思えない。

「社会的制裁を受けないといけない」

と思った読者もいるだろう。職を失うだけで十分ではないか。牢屋から出てきた後も、半永久的に叩き続けるのが、大衆ではないか。

凶悪犯罪者や知的犯罪を犯す人間を、私は擁護する気はさらさらない。前者は殺人犯であり、後者は最近よくある振り込め詐欺のような犯行をする人間だ。

一方、私が擁護、というかそれを犯した人間を軽蔑しないのが、まず、被害者が見当たらない犯罪。被害者に少しでも悪意が見え隠れした犯罪。「誘われた」というやつだ。

そして、追い詰められて、何かをやってしまった犯罪。例えばクスリ。覚せい剤はどうかと思うが、大麻なら合法の国もあるわけで、それを日本でやったところで人間失格とは思えない。

当たり前だと思うが、私のツイートに疑問を持った人は多くいたようで、一瞬フォロワーが減ったものだ。何しろ、「どんな犯罪が人間失格じゃないのか教えてほしい」と問われたので、立ち小便から一例ずつ列挙しないといけないのかと、吐き気を催した。この国には、考える能力を喪失した男がごまんといるようだ。

それから、これも説明するまでもないが、私が憎んでいるのは、犯罪者を罵倒する人間たちの事で、犯罪者の方はどうでもいいということだ（凶悪犯罪者は憎いので念のため）。

例えば、歌手のＡＳＫＡが覚せい剤の使用で逮捕されたが、ＡＳＫＡのことはどうでもよく、彼に対してはなんの感情もないし、擁護する話もどこにも書かない。だが、彼を罵倒している人たちに憤りを感じるわけだ。

自分は聖人君子のような態度で、罵声を浴びせる……からだ。

自分を優位に置きたくて他人を叩く人たち

不倫をした芸能人に対しても、まるで童貞と処女のような様子で、罵詈雑言

を投じるから、その不倫をして、なんらコメントを出していない芸能人よりも、よほど醜いと私は感じる。

たとえ不倫をしたその人が謝罪をしようが、追い打ちをかけるかのように、罪（?）を追及し、難詰するものだ。

誰かの失敗を見つけては、いちいち汚い言葉でその人間を叩く。それでさらにその相手を貶めた気分を満喫する。心理学的には、自分の立ち位置を相手よりも高く置くために、常に悪口を言える相手を探しているということで、それは有名な成功者が相手でなくてもよく、近所の人でもいいのだ。

自分を優位にするために、誰かを懸命に貶める悪口を繰り返しているという心理だが、だからといってその人が、ひどく地位が低かったり、学歴がなかったりするわけではない。「また、貧乏な人や弱者を叩きたいのか」と言われると思うので念のため。

その人はただ、誰にも愛されていないのだ。社会から認められていないという劣等感もあるが、妻なり彼女なりが「愛している」と、さかんに姿勢や言葉で表現していれば、もし、会社での待遇が悪く、出世をしなくても、街やネットで敵を探すような真似はしない。

「里中だって、人の悪口を書いているではないか」

と、読解力がない人からすぐに因縁をつけられるので、あえて書くが、私が批判しているのは大衆であり、田中太郎くん（特定の個人）を叩いたりはしない。もちろん、物書きになってから20年くらいになるから、有名人の批判も数回は書いているが、「悪口で食っている」と言われる筋合いはない。

貧しい層も叩いているが、政治も叩いている。集団を常に叩いていて、本書ではSNSに没頭している人たちを牽制《けんせい》しているが、それによって私が溜飲が下がる思いをしているわけではなく、疲れているのだ。

お金に苦しんでいる友人もいるし、フェイスブックにはファンがいる。ひどく気を遣っている。胃が痛くなっているし、何度も何度も書き直して腱鞘炎《けんしょうえん》ぎみである。

一方、**誰彼かまわずに悪口を言っている連中は、その行為によって満足して**

いる。スッキリしているわけだ。醜悪ではないか。私はその醜さに驚いているのである。それはそれは驚愕しているというか、宇宙人を見たかのような衝撃なのだ。

ヤフーニュースにつくコメントを読んだら、その日の夕食が不味くなってしまうのでヤフーニュースは見ないようにしている。

ナルシストが高じてひどい潔癖症になったのか知らないが、流行りの新型うつよりもずっと性質が悪い病気だ。そして、**この話を書いたことによって、「俺の悪口を言っている」と激怒した人たちが、私への個人攻撃を始める寸法になっている。**

ある集団を批判した事に対して、その集団の中にいる個人が怒り出すのは、その集団をこよなく愛しているからだが、愛していながら、少しは疑問を抱いていれば、「里中李生に殺意を覚える」とはならない。

例えば、貧困層にいながら（日本には貧困層なんかほとんどないが）、その中から抜け出す気もなければ、誰もマナーを守らないその世界になんら疑問を持っていなければ、その世界を批判されたら怒るだろう。

しかし、**「なんとかして粗悪な食べ物を食い散らかしているこの世界から抜け出したい」と考えていれば、それを批判されたところで激高する理由は見当たらない。**激高するということは、その食べ物と食べ方が好きということにもなる。

または、繰り返すが、**何も考えていない**ということだ。あきらめている、と分析される事もあるようだが、**「何も考えていない」が正しい。**

ソクラテスは、渇きで水を欲しがった兵士たちが群がって水を飲んでいる様子を見て、自分は飲むのをやめた。

大衆志向、付和雷同をしている自分をもっと客観的に見ないといけない。

何事も、特に流行に対しては、視野が狭くなっている人たちがいて、それに対して警鐘を鳴らす視野の広い人間が現れるもの。

私の場合も、ずっと時代の最先端の集団行動を批判しているので、手前みそだが、冷静に分析を続けている男と言える。その分析が絶対に正しいとは言わないので、ここは笑ってもらいたい。

「考える力」のある男は感情をむき出しにしない

人は感情の生き物だが、正直なところ、**感情をむき出しにしている人間は頭が弱い**もので、NHKの大河ドラマで脚光を浴びた黒田官兵衛のような冷静な男が、人間としてはもっとも優秀と言える。

私はキリスト教徒ではないが、イエスの言葉でもっとも感銘を受けたのが、**「あなたたちの中で罪を犯したことのない者が、まず、この女に石を投げなさい」**である。これを聞いて誰も女に石を投げることができず、引き下がった。という神話だが、常にこの言葉が頭にあるから、犯罪者を無下に叩くことを私はしないのだ。

この言葉は女性の姦通の罪での話だが、不倫をした女性には家庭での事情があるだろうし、「どんな事情があっても不倫はだめ」は暴論と言える。ＤＶを受けて、そこから逃れるために別の人とセックスをした。「それでも不倫はだめ」では、何も考えないことを道徳とする、マニュアル主義と言える。

言い方を難しくしてしまった。「バカ」ということだ。

それこそ、自分は夫婦仲が険悪になっても絶対に不倫をしない自信があるのか、ということだ。するとその人間は、「ある」と断言するのだが、「私は天才だ」と叫んでいるのと同類で、自信満々に相手を見下ろすその雄弁な態度に、相手を説得させる裏付けは何もなく、ましてや結婚すらしていない人間もいるのだから開いた口がふさがらない。

本書をここまで読破したあなたは、きっとこれから、皆がやっている事に不安になり、皆が口を揃えていっている言葉を慎むようになるだろう。考える力がついた人間になったのだ。

「嫌われる」と「軽蔑される」の違い

「軽蔑」はすでに相手の中で確定している

人は軽蔑されたら終わりなのだ。

「里中、俺はおまえを軽蔑しているぞ。終わってるんだな」と言われるだろうが、それはきっと「嫌い」であって、もし軽蔑していたとすれば不自然だ。会って喋った事がない相手に対して「軽蔑している」とは、よほどの自信家か、その相手よりも格段に地位が高い人と言える。

政治家、官僚のエリートはきっと国民を見下しているだろう。「おまえたち

はバカだから、俺たちの言うとおりにしていろ」というわけだ。彼らは、「自分が偉い地位にいる」と周囲から認められているから、会ったことがない庶民らを軽蔑することができるのである。

しかし、仲間内や家族、親戚などの関係で、それほど地位の差が大きいことはなく、なのに軽蔑をされてしまってはおしまいと言える。

「あの人が嫌い」といった感情は頻繁に行きかう。

それは生理的なことがほとんどだし、一時の感情でもあるし、趣味が合わないというのがほとんどだ。趣味が合わないことに対して、「軽蔑する」とはならない。

ただし、**性的な趣味と食に関しての趣味の違いは軽蔑の対象となる。**

生理的な「嫌い」を除いて、「あんまり彼が好きじゃないな」は信用の回復が可能だ。人は考え方が変わる生き物で、10年後に会ったら人が違っていた、という事が多い。性的な趣味も食事の好みも変わるものだ。

しかし、軽蔑された人が、その相手やグループと元の仲の良い関係に戻ることはあまりない。

軽蔑されるとは「確定」することなのだ。

「あなたはこういう人間だ」

と確定してしまうことなのである。10年後はともかく、いったんは確定する。

嫌われるとは、挽回《ばんかい》の望みを残していたり、些細《ささい》なことなのだ。

「彼はネクタイの選び方がイマイチ」

と女性が思ったとして、それで嫌いかも知れないが、軽蔑するほどのことではない。

「あの女はデブだから嫌い」

でも、ダイエットをして痩《や》せたら嫌いじゃなくなるかも知れない。

しかし、「あなたはこういう人間だ」と確定してしまったり、もともと確定していることはどうにもならない。

人種差別は許されることではないが、白人の人種差別主義者は、白人以外の人種を嫌いなのではなく、軽蔑しているのである。「彼らは肌に色がついてい

る」と確定していて、変わることもない。

政治家、官僚のエリートと庶民の地位の差も確定しているから、「国民はバカ」という彼らの態度は変わらない。

軽蔑される人、されない人

では、日本人同士で、地位も年齢も同じくらいの対等である仲間内で軽蔑されたとして、その人はどんなことをするのだろうか。

「空気を読まない言葉を言い続ける」

これに尽きる。

「この人は頭が悪い」

で確定してしまうのである。頭が悪いことは生まれつきだから直しようがなく、相手から見ると、「死ぬまで変わらない」で決まってしまう。

空気が読めないような人が読者にいるとは思えないが、**若い人に多いのが、目上の人にタメ口を使ったり、いろんな礼儀を怠ることだ。**これを言うと、「だからオヤジは嫌いだ」と思った若い読者も多いだろうが、単に私が言っているのではなく、すでに社会問題になっている。では君が25歳だとして、高校生の男の子にタメ口でこられたら、どうか。その高校生と仲良くなれるか。礼儀を怠るのも、すぐに謝罪をすればある程度、信用は回復するが、それでも軽蔑されていたのが、「嫌い」に昇格しただけで、「好き」にはならない。

じつは、私はこの原稿は必要ないと思っている。

彼ら彼女らが本を読むとは思わないし、読んだとしても「空気が読めない病気」が治るはずもない。なぜなら、自分が空気の読めない失言を繰り返していることに気づいていないからだ。

私とて失言はする。

最近も、誕生日にワインをいただいたのに、「ワインは苦手」と口にしてしまった。すぐに、「しまった。なんてことを口走ってしまったのか」と私は蒼ざめてしまって、「ワインは好きなんだよ。ちょっと弱いんだ」と懸命の言い訳である。

気づいていたら、その場を切り抜けることもできるし、相手も「あ、気づいたんだ」と分かるから、大問題にはならない。だが、相手を凍てつかせる言葉を投じておいて、ケラケラ笑っている人間はいるものだ。

ちなみに私はワインが大好きだ。グラス1杯が限界だが、それを楽しんでいる。**自分がとんでもなく無神経な発言をしていることに気づいていない人間は、ネットを見れば一目瞭然《りょうぜん》。非常に多い。**

彼らが本書を読んで、それを改めるはずもなく、誰のためのアドバイスか分からないから、ただの読み物と思ってほしい。

ちなみに最近の私は孟子が言った「四十にして動かず」を信条としている。

「信念」さえあれば軽蔑はされない

日本人として普通の生活をしている。

犯罪者でもなければ、極端な思想も持っていない。宗教に入信していて、友達を勧誘してもいない。仕事もちゃんとしている。

それなのに軽蔑されている、という人間がいたら、その人はいったい何をしてしまっているのか。

先程触れた「空気の読めない人間」だが、例えば男で、女性がトイレに行った時に、「長かったね。大?」とか「盗撮されなかった?」と訊くやつだ。飲み会なら意外といるものだ。それも、あっけらかんと言うから、その男には自分が女性には言ってはいけない失礼なことを言っている意識がないので、「頭が悪い」ことが確定してしまう。

自分の彼女に言っているから、他の女性にも言っていいと思っているのかも知れない。もし、そうなら社会性が欠落しているとも言える。部屋で、親しい人には口にしていい冗談でも公衆の面前では失言になる言葉があって、それの区別がつかないのである。

それから、**そのおかしな言葉に信念がないのも問題だ。**

女性に対してトイレの様子を訊くことに、何か信念があればいいのだが、ないと思う。

「なるほど。君の言っていることは女性の前ではタブーだが、そんな信念があるのか」

と、相手を納得させられたら、嫌われても軽蔑はされない。

政治家がよく失言で失墜するが、実は何か信念が隠されていたら、その男はまた数年後の選挙で当選してくる。地元で説明をしたら許されるわけだ。ネットでも、「彼の言っていることは正しい」と擁護をする若者が出てくる。石原慎太郎が差別主義者として叩かれてきたが、ずっと東京都知事に君臨していた。

あの人の一連の差別的な発言は軽口じゃないのだ。本気だ。だから何か信念があるように見えるわけだ。

あなたが育児休暇を取りたいとしよう。

同僚の独身OLが、「わたしの残業が増える」と怒った時に、あなたはそれをなだめる言葉を持っているだろうか。

まさか、「いいじゃん。当たり前なんだから」と言うのだろうか、すると、そのOLからは軽蔑されて一生、縁が切れてしまう。しかし、育児に対する信念があればそうはならない。真剣にそのOLと話せばいいだろう。

すなわち、軽蔑されてしまう人とは、

□空気が読めない
□言ってはいけない言葉に信念がない

となる。

空気が読めない行動は、頼みごとでの口論にもよく見られる。

「頼む。3万円貸してくれ」

「すまん。今年はボーナスが少なかったから、無理なんだ」

「だったら1万円でもいいから貸してくれ」

よくある話だが、しつこい頼みごとも軽蔑される原因になってしまう。

車の営業マンは、「うちの車を買ってください」と、しつこく商談をするタイプとそうじゃないタイプといる。前者は、「今、契約すれば夏までに納車できますよ」「低金利は今月までです」「今月中に契約したら、値引きします」と果敢に攻めてくる営業で、後者は、「買うのはいつでもいいから、当社の車をよろしくお願いします」という姿勢だ。

車の商談では、しつこく購入を勧めてくる営業マンがいることを我々は知っている。だからある程度は容認できるし、軽蔑することもない。しつこい営業が好きな客もいるものだ。

しかし、お金の無心と同じように、客がこう言っていたらどうだろうか。

「今年の秋は買えませんが、来年に買おうと思っています」

なのに、

「今年中に契約をしたら、値引きしますよ」

今年中に買えない事情にもよるが、少し空気が読めていない営業とも言える。

芸能人が失言しても軽蔑されない理由

最後に、揚げ足をとられるのが嫌だから言っておくが、世の中には、「こんなにひどいことを口にしたのに人気がある」という有名人がいっぱいいる。

「おまえの持論なら、国民から軽蔑されて干されるはずだ」

というわけだ。

力を持っていたら、その人間がどんなに汚い人格でも仕事はくる。何かの差別主義者でもその差別発言をうやむやにしてしまう力を持っている。

芸能人なら、事務所が強ければ失言のひとつやふたつはなかった事にできる。

ネット上にその失言が残っていても仕事は減らない。

また失言にも軽重がある。

国民の大半が激怒する失言ばかりとは限らない。

ある地域の人たちだけが怒る失言、保守派だけが怒る失言、女だけが怒る失言……。


「あんな発言をしたあの芸能人は許さない」


しかし、そう怒っているのはあなただけで、隣の家の人はなんとも思っていない。だから、生き残っているということもある。

ところがあなたの失言は、5人くらいが集まった飲み会でのもの。

5人全員が、全世界なのだ。


芸能人や有名人は、極論で言えば1億人を相手に仕事をしているから、その半数の5000万人を確保しておけば仕事はなくならない。

あなたが関わっていく人たちは、多くても100人。普段は10人くらいに過ぎない。

だから失言は許されない。

私も失言を繰り返してきた。

だが、今生き残っているのは力があるからではない。

失言をした後に、徳を積み重ねてきたり、その相手に謝罪をしたり、努力をしてきたりしたのだ。

もう会えない人に対する失言では、今でも猛省している。

第5章

「男の孤独」には確固とした哲学が必要だ

凡人はなぜ不自由を求めるのか

自由は不安と批判をともなう

私はセックスにおいて、肉体と魂を切り離して考えている男だ。

例えば、女性が誰かとセックスをする。それが愛していない男だったとしても、どこかに愛している男がいて魂がその男に完全に向いていたら、愛していない男とのセックスは彼女に何か事情があってのこと。

体が、好きでもない男に汚されて、それに恥じらい、魂を向けている男を想うなら、かまわないと思っている。そう、「愛している男が不能」とか「すでにこの世にいない」というのがよくあるパターンだ。また、相手を交換するスワッピングというプレイがあるように、愛している男の命令によって、合意の上で他の知らない男とセックスをする場合もある。

その世界に肉体は存在しない。愛する女が他の男とセックスをしている様子を見ている男は、その乱れた肢体に興奮しているのではなく、彼女の精神を見ているのだ。

その男女は魂でつながっている。

本題とは、あまり繋がりのない序章だが、「精神」とは何かを話しておきたかった。

人間とは精神である。精神とは自由である。自由とは不安である。

キェルケゴール（デンマークの哲学者）

恋愛の例で話を進めたい。

男でも女でも愛していない人とのセックスは批判をされる。だから、愛のないセックスには常に不安が付きまとって、それをやらない人も多い。

結婚をしていたら、たとえ愛している人とセックスをしても、「不倫」として叩かれる。不倫は結婚制度から逃れた著しく自由な行動なので、自由な行動に出ると、世間から批判、中傷をされるということだ。

自由とは「枠からはみ出す事」とも言える。また、奔放に見えるから、なんら悪いことをしていなくても叩かれる事がある。

だから人は逆に不自由を求める。批判されたくないからだ。不自由でいれば批判されない。自由になれば批判をされる。

多くの日本人は、自由を拒絶する不自由な暮らしをしているものだが、ストレスを感じていても我慢し続ける。慣れているのだ。

不自由に慣れている。それを教えてくれたのは恐らく親だろう。

親が、我慢をする生活を子供に見せつけてきた。ストレスに耐えながら、仕事をしていて、なんら自由な行動には出ない。父親が突然旅行に行ってしまったり、車を勝手に買ってきたり、いかにも女の影をちらつかせたり……そんなことは一切なく、我慢の生活を続けている。

なのに、母親はその父親の悪口を言っていて、それでいて離婚はしない。それを見てきた子供は、不自由をよしとしてしまう。

分かりやすい例として、夫婦仲が悪いのに離婚せず、お互いが浮気の牽制をしあっている状態ということだ。**「いいよ。浮気して」**とはならない。嫌いになっているのに、自由は簡単には許さない。

どちらかの浮気がばれたら、離婚しないまま睨《にら》み合っているものだ。

君は制度や社会通念に依存していないか

恋愛で言うなら、

「浮気は許さない」

と鬼のような形相で彼氏に言い、スマホのチェックまでをする。「愛してる」と言うようにしつこく頼み、優しく抱いてほしいと命令する。

もちろん男がそうすることもある。

不自由な恋愛だが、スマホをチェックをされても我慢するものだ。束縛されて性的な興奮を得ていればマゾヒストだが、マゾヒストはもっと複雑だから、ここでは言及しない。

多くの人間は安心しているのだ。

「スマホのチェックをさせておけば捨てられない」と。

サディストとマゾヒストの関係ではなく、単に強者と弱者の関係なのだ。

狭い世界での強者と弱者である。

彼ら、彼女らは決してリスクは負わない。

好きな人を縛っておけば安心、安全で、実際に夫を縛りに縛って、ずっと結婚生活を続けている人を知っているし、逆に、彼女を縛って、付き合いを続けている男も知っている。

総じて、彼女、彼らは無能だ。

男でよくいるのは、結婚して子供を作れば社会人として認められる、と思いこんでいる単細胞で、彼らは女を妊娠させるのが大好きである。結果、子供が3人くらいになって、不自由な生活になってしまい、妻に暴力を振るいだすというのがよくあるパターンだ。

しかし、不自由に依存しているから、その妻に離婚されても別の女とすぐに結婚して、また子供を作るということだ。

女で多いのはヒステリー。

スマホのチェックはヒステリーの典型だが、男をがんじがらめに縛って、限界に達した男に最後に殴られる。そして、

「彼は最低の男だった。DV男だ」

と触れ回って、離婚するものだ。しかし、また次の男にもDVを受ける。自分が男を怒らせているからだが、それにはまったく気づかないものだ。

彼ら彼女らは、優秀な恋愛の本を読んでも、カウンセリングを受けてもそれをやめようとしない。**無能な人間は、知識、知恵は欲しない。ただ、制度や社会通念に依存していれば安心なのだ。ここでは結婚と子供をつくることだ。**それは最善のアイデアを出すことを放棄している事になるので、彼ら彼女らには能力がないということだ。

あなたをがんじがらめに縛る「不自由」に慣れるな

では恋愛の例で話をするのをやめよう。

給料の安い会社に勤めている男は、不思議と決してそこから逃れることはしない。

残業が多くて、遊ぶ時間はほとんどない。休日にはお小遣いがなくて、思い切り遊べない。不自由な生活だが、それを辞める気はない。

辛い労働をする肉体もストレスに苛まれている精神も会社に預けてあるのだ。

会社に依存しているということだ。

社長が好きなのかも知れないし、職場の同僚と仲が良いというのもある。

もちろん、会社を辞めたら食べていけないのが最大の理由だろう。

しかし、食べていけないから嫌な仕事を続けなければいけない国ではない。

好きな仕事も、もう少し給料が良い仕事も見つかる国だ。

それができないのは、その人が**不自由が好き**なのだ。

「俺が凡人だからか。無能だと言うのか」

と怒ると思うが、スマホをチェックしあうカップルほど重症ではなく、きっと、不自由に慣れてしまったのだと思う。

昔、アメリカで黒人の奴隷たちが、白人の家から逃げだすことに成功したのに、戻ってきた話があった。奴隷生活に慣れてしまっていたのだろう。

あなたも不自由に慣れてしまって、自由になるのが怖いのではないか。

自由になってても何をしていいのか分からない。

ずっと強者と一緒だったからではないか。
親、先輩、束縛する恋人、会社組織……。
では、**自分が強者になればいいではないか。**
最強になれとは言ってない。
ある程度の力を持てば、自由を獲得することはできる。
それにはまず、**あなたを縛っている強者と決別することだ。**
そしてあなたが強者となっても、恋人を束縛してはいけない。

悪徳との付き合い方

「善」と「悪」だけで物事を判断するのをやめないか

正義感が強い人間や真面目な人間は、苦労よりも快楽がこの世を支配していると考えることをとても嫌う。

私は快楽主義者を自称していたが、今は快楽志向ではなく、唯美主義なだけだと分かった。美が好きで、その中に快楽が少し混ざっていた。どちらにせよ別に苦労をしていないわけではない。

だが、中学生の頃から、おかしな病気にまとわりつかれている。こちらが厭世的になりそうなくらい辛い人生だ。

そんな私の事情を知っていても、「昨日はペニンシュラで飲んだ」と言っただけで、一部の読者から総攻撃を食らうものだ。

不倫について肯定的に書くと、「この人の考え方は許さない」となってしまう。きちんと論理立てて語っても許されない。

人を殺したわけでもないのに殺意すらもってやってくるのだから、**欲を満たす事やセックスを認めることは快楽と言うよりも、「悪徳」だと言わざるをえない。**

最近の私はその快楽的な様子をＳＮＳに書かなくなった。快楽的と言っても、乱交パーティーを主催したとかそんな事は言っていないのだが、世間はうるさい。

世の中の巨悪（偽善）と凶悪に比べると、生活の範囲の悪徳など、ただの大人の趣味なのだ。

しかし、それをやり、公言すると孤立することもある。

麻薬をやって逮捕されたら、ご近所様に嫌われて当たり前だが、庶民的な町に、たまたま家を買い、車庫に外車を2台置いていても嫌われるだろう。様子はかなり違っているが、嫌われることには変わらない。

くだらない。実にくだらないのだ。

彼らは善悪の区別がつかないのである。

厳密に言うと、「善と悪」でしか物事を考えない。

裁判でも白黒をはっきりとつけようとするが、私にはそれが人間をより卑屈にさせたり、無反省にさせたりと、なんら良いことがないと考えているが、どうだろうか。

善と悪の真ん中に、何かがある。

「中立」という語は何のためにあるのか。

白黒つけることによって、その人たちはきっとストレスを解消していたり、こっそりと誰かを助けているのだと思っている。助けると言っても、莫大な寄付をしているとか、そういう分かりやすいことでなく、繰り返しになるが、分かりやすく善悪を決めたがるから、誰も彼もがしんどくなるのだ。

例えば不倫を悪徳だとしよう。

あくまでも例えばである。

悪徳だと決めてかかるから、疲れるのではないか。

あなたたちが疲れるのである。

不倫を善でも悪でもない、何か別のジャンルにすればいいではないか。

他にもある。

ギャンブル、過激なセックス、過度の飲酒、豪遊……政治活動以外の個人的な趣味に対して、悪も善もないではないか。

「私は猟奇殺人が趣味」

「ジェノサイドが好き」

それが悪である。

しかし、**妻が容認したギャンブルや、女性と合意の上での過激なセックスや、**

飲酒運転をしない泥酔や、稼いだ金を使った銀座の豪遊の何が悪徳なのか。

マナーさえ守っていればいいのだ。

「里中李生の本は極論ばかりだ」

と言う人間もそう。知性が欠損している。

私は誰も言わない社会問題の答えを出している者だ。それを見て単純に、善か悪かでしか語れず、「里中李生の本は極論」でしか揶揄《やゆ》できない。

仮にも本を何十冊も書き、累計270万部近くを売っている物書きが、「極論」の一言で片づけられることはないはずで、結局、それしか言えない人間は、繰り返すが知性がないのである。

ご近所様が、車庫にあるBMWとポルシェを見て、「このお宅は贅沢《ぜいたく》をしている。悪い人だ。許せない」と蔑蔑したとしたら、表面的なものしか見ずに何も考えていない証拠になる。それと同じことだ。

大衆に逆らって人生の経験値を上げる方法

「悪徳との付き合い方を書いてください」と編集者から言われたが、それはとても難しいことだ。主観的に考えた、善と悪の間にどちらでもない「知性的な行動」があり、それを実行しているのが私だ。

例えば、そうあくまでも例えばだが、**私が女性2人とセックスをしたとしよう。**

一度に2人である。

それは悪徳か。

女性たちは合意していて、3人で楽しく過ごした。家族が温泉でゆっくりしているのと同じレベルである。私もそれを公にしないとして、だけど、どこかからその情報が漏れてしまった。すると、世間はそれを悪徳と叩くだろう。

「常識とは違うからだ」だって？

一夫多妻制の国はあるし、お金を使えば一般人でもできるセックスだ。

それほど珍しい行為ではない。

また、常識外れとは、誰もできないような行動を示すことであり、また善にも使われる言葉である。

「イチロー選手のプレーが常識外れだ。素晴らしい」と。

何か変わったことをしている人たちは主観的に、「これは悪いことではない。まあ、善い行いでもないが」と自覚している。ところが世間は、「悪だ」と決めてかかる。

それに解決策はない。

しかし、**あなたは、善悪を決めたがる大衆に逆らった人生を送ってほしい。**

それはなぜか。

経験値を上げるにはそれしか方策はないのだ。

善でもなく、悪でもない。

『情熱となんとかの間』とか言う小説があったが、そんな感覚だ。

分かりやすい善と大衆が勝手に決定する悪の間に、知性溢れる何かがある。

「それは秘匿する事。またはこっそりと楽しみ、誰にも言わない事ではないか」

と思った読者もいるだろう。

それも違う。

人は言葉にしないと知性が磨かれないし、主観で「悪徳ではない」と思っているその行動が、実はとんでもない悪だったらどうするのか。

だから、大衆に気づかれずにやるその悪徳ではない行為を誰かに喋らないといけない。

だからこそ、**信頼できる人を一人か二人、傍に置いておかないとだめなのだ。**

本書で口を酸っぱくしている無意味な仲間たちは、善悪をはっきりとつけたがるだろう。

あなたの知性は否定されてしまう。

悪徳との付き合い方とは何か。

そう、**まさに孤独になり、信頼できる人間だけにそれを語ることなのである。**

あなたの妻、恋人、親友、戦友にである。

40歳を過ぎたら「孤独死」に備えよ

「孤独死」を恐れる人間のナルシシズム

「孤独死」という流行の言葉に恐怖を感じるだろうか。

私はまったく感じない。むしろ息子に、「俺が沖縄の離島で一人で死んでも、オーストラリアで客死してもそれは孤独死じゃない。俺の意志だ」と言ってある（息子からは「客死ってなに？」と返されただけだが……）。

死ぬ直前に、意識があったら、何か言い遺したいことがあるのだろうか。

末期がんで意識があって、遺言を残せる人は少ないと思う。末期がんよりも脳の病気の方だったら、なおさらだ。だったら、私のように、40、50くらいから前もって子供や妻に伝えておけばいいのだ。

なぜ、「遺言」にこだわるのか。明日、交通事故で死ぬ確率が高いのに、なぜ、老人になってからの遺言が常識なのか。

そう、それはあきらかに、人間のナルシシズムのなせる技で、「俺は死なない」と、あなたは思っているのだ。

だから、「孤独死」という言葉も怖くなる。

哲学のパラドックスのようなものだ。

あなたが死んだとき、あなたの妻は泣くか

あなたの妻は、あなたを愛していると思う。

だが、あなたの葬式が終わった後、後を追うように病に倒れ、死んでいく女

はわずかだ。ピカソの女たちが、そうなったのも古き良き時代の奇跡だ。

これは「古き良き時代の恋愛」というだけの意味で、昔は殺人、暴力が今よりもはるかに多かったのだから、今の時代の方が平和で良いと言っておく。

話を戻すと、**あなたの妻はあなたが死んだ後に、再婚するかもしれないし、ひどい時は初七日がくる前にはもう笑って生活をしているかもしれないのだ。**

死ななかった時の離縁を考えてみてほしい。すぐに違う男と寝ているではないか。**もう、この時代に、一人の男を愛し続ける女などいないのだ。**

大橋巨泉さんの奥さんのような人や、岡本敏子のような人はいないのである。

男は孤独に生まれて孤独に死ぬ運命

「男は生まれた時から孤独である」

昔から誰もが言っている。違う言葉を使い。

子供は母親の胎内から産まれ、それを本能で分かっている子供は、母親になつく。男親の方は、種牡馬と同じで、必要な時だけ女とセックスをしているに過ぎない。

人間はその知性で、「家族という社会」を作り上げた立派な動物だ。

しかし、その家族社会が100％うまくいくことはなく、日本でも離婚率は40％近い。DV（家庭内暴力）、育児放棄、子供は不登校、娘は父親に「臭い」と悪態を吐くようになる。家族が円満のように見えて、じつはネットとゲームばかりしていて会話がない。違うか。

10年、20年前よりも増して、人は孤独になっているが、それを「当たり前」と思った方がいいのだ。辛辣なことを言わせてもらうと、**ゲームやネットをしている暇があったら、その時間に、遺言に似た大切な話を妻や子供に話しておけばいいいじゃないか。**

孤独が怖いのも、孤独に対する準備ができないのも、あなたが他のくだらないことに時間を費やしているからだ。

ノートに書いておくのがいいだろう。でないと、「孤独死した」と騒がれる。あるいは嘲笑される。

「俺は一人で死ぬのは怖くない。腐っていたらごめん」

こう書くのだ。

この時代に絶対に必要な遺言である。

「自分との孤独な戦い」に挑む

人が死ぬ時に後悔することは何か？

「孤独」というと、友達がいないことを指すようにとらえられるが、私は一人で戦っている男が好きだ。

「孤高の男」だったら、一人で戦っているイメージになると思う。

前項で「孤独死」のことに触れたが、**人が死ぬ時に後悔することがあるとすれば、「やり遂げたいことができなかった」がもっとも辛い後悔になる。**

人それぞれに、「やり遂げたいこと」が違うと思うが、「仕事で成功してお金持ちになりたい」から、「画家になって大作を描きたい。売れなくてもいい」「女優やアイドルのような美女と付き合いたい」「あるスポーツでセミプロまで上り詰めたい」「世界中の名作の本を読みたい」など、少しばかり目標が大きいと、それは自分との戦いにもなってくる。

実はここに書いたことのうち、「画家」を「小説家」に変えると、私がやり遂げたいことだった。小説の方は、今、ウェブで大作を連載していてすでに物語は出来上がっている。ただ、ネットに上げていくのが大変な作業で、途中から息子に預ける可能性がある。物語は完成しているから、原稿のデータを彼に渡せばいいということだ。

残すは、スポーツだけで、狙ったのはボルダリングだが、50歳でお腹を手術で切って、そこから始めたスポーツでセミプロレベルになるのは、難易度が半端ないようだ。

ボルダリングは初心者が七級で、一年で私は三級を登り始めた。ボルダリングのインストラクターは、初段以上だから、仮にセミプロを二級だとしても、私の年齢から始めて、しかも病み上がりでそれに到達するのかというと、正直、肉体の問題よりも精神力との勝負になってくる。

しかも、「世界中の名作を読んでから死ぬ」とか他にもやり遂げていない戦いがあり、それも同時進行。岩波文庫はもう少し文字を大きくしてくれないか。

孤独な戦いをやり遂げる快楽を目指してみないか

だけど、読者の皆さん。

もし、これらを私がやり遂げたらどうなると思いますか。

そう、死ぬ時に後悔しないのだ。

もし、孤独死だったとしても。

ましてや、老人になる前にやり遂げたらどうだろうか。まだ、現役の「男」のうちにやり遂げたらどうだろうか。

自分との孤独な戦いに勝った感情はとてつもなく大きく、感動的な快楽で、まさに笑いが止まらない。余裕のある老後を過ごせると思う。

まだまだ、若いあなたにも、すぐに体力、知力の衰えがやってくる。あなたがもし20代でもだ。芸能人は毎日のように若くても死んでいくではないか。事故死も多いが、なぜか、がんになる人が増えている。発見しやすくなったためだと思うが、女性の乳がんの多さは異常だと思っている。食事か化粧品……そう、何か時代の毒物が起因しているはずだ。

男性にしても同じだ。死なないまでも、難病で倒れていく男は多い。昔は、40歳、50歳くらいで死んでいて、そこが寿命だったが、今は80歳が当たり前だとして、30歳くらいで難病や大病になってしまったら、死ななくても生き地獄になる。

その前に、やり遂げたいことを決めて、なるべくそれが困難なことにして、早い時期から自分と戦ってみてほしい。あなただけに許された孤独な戦いだ。

働くビジネスマンは孤独か？

退化し成熟した国の男たち

夫婦関係が良好で、子供とも上手くいっていて、仕事も楽しいという男と会ったことはあまりない。

私が通っているボルダリングがあるスポーツ施設にそれらしき男たちが何人かいるが、突っ込んだ話をしたことがないから分からない。ただ、ボルダリングの後、奥さんが迎えにきたりしているし、夫婦仲は良さそうだ。

しかし、仕事の愚痴をこぼしている男はスポーツ施設に限らずたまにいて、仕事が楽しくないからボルダリングやランニング、イベント会場に来ている男も多いようだ。

仕事も家庭も楽しい。夫婦仲は円満。

「そんなことは滅多にないよ」

と思うだろう。しかし、そうしないと「男として失格」のような風潮が日本にあるのは事実だ。

しかし、気にしないでほしい。

この国はすでに知性が崩壊し、何が真実か見分けがつかなくなっている退化した国になった。

進歩、進化という言葉を使い分けると、前者は技術的なことで、それは進歩している。医療もそうだし、車もそうだ。

しかし、進化とは人間自身のことを指し、または体の変化を指すのだ。

この国は明らかに退化している。退化とはすなわち成熟を意味するのかもしれないが、**成熟した国では趣味に没頭する自由が許されている。**

趣味に没頭するのは最後の手段と心得よ

孤独を感じたあなたが、もし、すべてが嫌だったらそれは孤独なのだと思う。すべてとは、仕事、妻（恋人）、子供、趣味である。

しかし、**そのうちの一部に頭にきていて、または寂しくて「孤独」を感じているのならそれは正常だ。**

「奥さんと一緒に寝てないの？　なんか寂しい奴だな」と笑われても、なんら気にする必要はない。

不倫は叩かれるが、「だったら自分の手でやるのか。俺は高校生の男子か」と力強く反論できるくらいの男気を持って、その孤独と対峙してほしい。

仕事で孤独を感じたら副業を。

子供に嫌われていると感じたら、父親とはそういうものだと考え、父親の威厳について心理学を学ぶくらいじゃないといけない。

それでもだめな時は、そう趣味だ。

私は筋トレの代わりにボルダリングをしているが、**趣味に没頭するのは、最後の手段である。**

あくまでも「最後の手段」と釘を刺しておく。

その理由も次項で語るとする。

趣味で群れると女は離れる

男が趣味に没頭してはいけない理由

「趣味に没頭するのは最後の手段」と前項で述べた。
なぜ最後の手段なのか。
あなたがまだ若いとしよう。
言い方を変えると、まだ、「女に恋をできる歳」である。
趣味に没頭していて、そこに仲間がいると女性からモテなくなる。
モテない男たちの場合、鶏と卵のどちらが先かと同じで、女に縁がないから趣味に没頭したのか、趣味に没頭したから女子が寄り付かなくなったか分からない。特にスポーツの趣味に没頭している男たちは、それを実際に行っている男もスポーツ観戦に通っている男も、セックスアピールのある女の影が見えない。プロ野球のチームを応援に、一人で球場に熱心に足を運んでいる男が、その帰りにホテルで女とセックス、という話は滅多に聞かない。

趣味に没頭する男から女が離れていくのは、その趣味の場所に「仲間」がいるように見え、遠くから見ている女性たちから、その彼に孤独感が見えないからだ。SNSにさかんに、スポーツジムで遊んでいる様子を投稿していたら、その端っこに女子の姿も映っていて、「ああ、この人はあのジムで女の子たちと遊んでいるんだ」と思われてしまう。

唐突だが、男性には筋肉が必要である。

筋肉がなくてモテる男がいたとしたら、余程のお金持ちか天才か、奇跡的にその恋人と趣味嗜好がマッチしたか、とにかく奇跡が起きただけだ。相手が美女だったらまさに宝くじレベルの奇跡だ。

しかし、ボルダリングもトライアスロンも筋トレも、やり過ぎると筋肉がつくが、女にはモテなくなる。「疲れた。筋肉痛がひどい」という愚痴も印象が悪い。

スポーツ以外の趣味もそうだ。

仲間と群れてないように見えても、やはりそこには夢中になっている仲間がいるものだ。カブトムシを集めるとか、アイドルを追いかけるとか、鉄道に夢中とか、何もかも街の女子たちを遠ざける。

唯一、「料理が趣味」はモテるようだが、女性が昔に行っていたことを趣味にしてモテる男は、今の時代の女に利用されているだけだ。筋肉女子が男にモテるはずもなく、そう言い換えれば分かると思う。

趣味に没頭するのは最後の手段とは、どうあがいても「楽しくない人生」になった時だ。または「女よりもまずは健康」という場合もスポーツの趣味に没頭していい。しかし、女が欲しいばかりの人生なら、自宅で筋トレをする程度にして、没頭しすぎるのはやめた方が賢明だ。

不倫は「悪いこと」なのか？

不倫が許される条件

編集者から「孤独と不倫」について書いてほしいと言われた。セックスの問題に言及すると、童貞のような男たちが「ギャグ本」と言いだすから短くまとめたい。

不倫は文字通り悪徳だ。もし、「俺の趣味は不倫。人妻を寝取ること」と笑って言う男がいたら、あなたが代わりに殴ってほしい。

不倫は、その相手の家庭を破壊する。

しかし、もし、その家庭がもともと壊れていたらどうか。

壊れ方にも様々な形があるが、セックスレスだったらどうか。あなたはずっと自分の手でやるのか風俗に行くのか。それでは、別項で言った「後悔する死に方」をする人生になってしまう。

不倫をして叩かれる芸能人は後を絶たない。テレビに出られなくなる芸能人もいる。その男や女が、「不倫が趣味」、または「相手の家庭をぶち壊してやった」という態度だったら、それはひどい悪徳だ。悪魔かも知れない。

だが、もともと壊れていた家庭の夫婦のどちらかが、好きな人とセックスをして、何が悪徳なのか私にはよく分からない。

子供が傷つくのか。大人になったら、理解してくれる。もし、理解しなければ、子供に説明できる能力がないのだ。または、不倫した後、その人が子供の前から消えたのである。それは悪徳だ。

「不倫」が悪か、「結婚制度」が悪か？

結婚の制度がそんなにも重要なら、その教育を国をあげて行うべきだが、税金や人権その他と比べるとそうでもなく、離婚など当たり前。仮に離婚の序章が不倫だとして、だったらそれほどの罪ではない。

離婚してくれないから不倫に走る場合もある。男と女は複雑なのだ。複雑な男女の問題に、短絡的に「不倫は悪だ」というのが、哲学書も心理学書も読んだことがない連中で、もちろん、人肌が恋しくなるほどの孤独に泣いた経験もないのだろう。

私は入院した経験が三度あるが、それはそれは女体が恋しくなったものだ。だが点滴をしているから体は動かせないし、隣のおじさんは夜中に死んだりするから悲哀は頂点に達する。ＡＶのような美人看護師とのセックスなどあるはずもなく、友人に、「看護婦さんとヤれば」と言われた時に激高したことがある。もし、家庭でもそんな生活だったらどうか。

風邪で高熱が出ても妻や夫が看病してくれない。仕事の残業で疲れて帰宅しても、妻は夜食も用意してくれないし、ベッドは別々。

私だったら、男性メンズエステに閉じこもって帰宅しないが、風俗の店に一晩中いたら、それがキャバクラでも数万円になってしまう。

まさに、孤独に泣いた末に出た結論は、「あの人と食事をしよう。その後一緒にホテルに行けるといいな」ではないか。結果、それが不倫になる。

これは悪徳なのか。

本当は結婚制度が悪で、本当は男を捨てた男、女を捨てた女が悪で、優しさを捨てた夫婦のどちらかが悪で、その先にある孤独に泣いた不倫は悪ではないのだ。

清廉潔白を自称する輩から抗議があるだろうから、趣味的な不倫はだめだ、と、もう一度、念のために言っておく。

孤独な男には救いの女神が現れる

死ぬ気で仕事をしても女がいないという孤独

あなたが何か「男の事情」があって孤独になっているとしよう。

男の事情も様々だ。ぱっと思いつくのは同性愛以外のマイノリティの悩みだが、ここでは仕事としたい。

仕事もなんでもよい。

堅気ではない仕事でも。ネットビジネス、投資、風俗関係……なんでもいい。

もちろん、サラリーマンでもいい。

とにかくあなたは仕事に熱心だ。なのに孤独になっているのだ。**収入もそれなりにある。なにしろ、「死ぬ気」でやっているからだ。それなのに女がいなかったら、その絶望感は言葉にはできない。**

恋人（彼女）がいなくても、お金で一時のセックスは得られるが、**継続する愛情と快楽を1人の女から受け取る歓びはお金では買えない。**

快楽とは一緒に遊ぶことだ。

仕事が成功したり、成功に近づいたり、または新しい仕事を始めたりした時に、男は、以前の友人を失う事が多い。

まず、転職や独立をして成功した時に、元の会社の友人だった男たちと疎遠になる事がある。

それから、まっとうな仕事をしていたのに、市民権のない仕事に替えると、まっとうな仕事をしている友人たちが怒り出したりする。

リストラされたら、会社の誰とも付き合いがなくなった、ということもある。

その時に、あなたに彼女か妻がいたとしよう。

一緒に飲みに行く人がいなくなったあなたに、何かをしてくれる。

先に、リストラをされた男の話をすると、リストラされるまではその会社で一生懸命働いていて、女もそれを頼もしそうに見ていた。

しかし、なぜかリストラされてしまった。

その彼の惨めな姿を見た女が、「情けない人」と言ったら、その女は情けもなければ、恐らく、打算的に生きている冷血な女で、リストラされたついでに別れるのが賢明だ。

しかし、心が美しい女は、

「ゆっくり休んでいいよ」

と優しく笑い、落ち込んでいるあなたに特別な事もしてくれる。何か料理を作ることもあるし、セックスの愛撫の時間が長くなることもある。愚痴を聞いてくれる女もいて、それがもっとも女性が得意とする愛情表現だ。

その愛情を受けたあなたは、

「この女のためになんとかしたい」

と思う。絶望の中の、まさに光。希望と勇気である。

あなたはそんな女を知っているだろうか。

孤独と闘う男は孤高のオーラを発する

仕事は順調だが、その仕事の成功を妬まれて孤立したとしよう。

私がその経験者だ。

30歳までに出会った男たちの中で、残っている者は数名。それも年賀状を交換するだけ。今の友人は写真と作家活動を始めてからの人たちだ。

ところが女は違う。残っているのだ。

女は、男のライバルではないし（今の時代はライバルかもしれないが）、私がベストセラーを出すようになって、ほっとしている。

私がお酒を飲みに行く友人もいなかった時期、一緒に遊んでくれたのは20代の時に知り合った女だった。私の好みの洋服、下着を着け、もちろんセックスも、「どうぞ。ご自由に遊んでください」と体を提供してくる姿勢で、ストレスの解消にもなった。

当時の事は鮮明には記憶にないが、私は大事にしていた愛猫とその女性のために、「なんとかして作家になる」と決意はしていた。その決意は、岩をも動かす力になった。

私は今の仕事に就けたのは自分の才能だと思っている。才能と言ってもニーチェらには遠く及ばないが、ひどい少年時代の事を思い起こすと、「よくやったな」と自画自賛である。だが、その仕事を継続できているのは女のおかげだ。

何回も挫けかけた。

その度に、奇特な女が現れて、無償のセックスである。

弱そうに見えるから、母性がくすぐられるのかとも思ったが、ほとんどの女の子が甘えたがりのマゾヒストで、どんなに忙しくても私がリードしないといけなく、それが逆に活力になる。

村上龍さんの本のタイトルに、『自殺よりはＳＥＸ』というのがあって、読んではいないがこのタイトルが好きだと以前にも紹介した。

まさに、その通り。

男の事情で孤独になった時に、「わたしとセックスしようよ」と言ってくれる彼女がいたら、その彼女のために生きようと決意をして、孤独感もなくなっていく。

では、そんな純愛を主張する女性との縁はどこに転がっているのか。

あなたは、人気者ではないか。

友達はいっぱいいて、合コンでも人気。

趣味を活発にやっていて、その趣味の仲間もいる。

家族がいたとして、一家団欒《だんらん》の様子もSNSに投稿している。

そんな男には、

なんら謎もなければ孤独感も漂わない。


「男性に尽くしたい。そのために美しくなりたい。そのためにセックスをしたい」

と思っている女性がどれくらいいるかは不明だが、いまだに映画のテーマにもなるので、けっこうな数は存在するはずだ。

彼女たちは、孤独に泣いている男に惚れる。

正確に言うと泣いてはいないのだが、孤独なまま仕事を続けている男である。

仲間とワイワイやっている男には寄り付かない。

孤独と闘っている男には、孤高のオーラがあり、しかしどこか疲れている。

その疲れが、体のどこかを狂わせて、仕事は順調なのに、「なんか吐き気がして、でも検査をしてもどこも異常はないんだ」とは、サッカーW杯でのアルゼンチン代表、リオネル・メッシ選手にもあった。

孤独と闘うあなたに女神が訪れる瞬間

「最近、ストレスなのか、性欲がなくなってきた」

「夢があるんだが、50歳くらいにならないとだめなんだ。それまで生きているだろうか」

女性に、飲み屋で少し口にしたところで、それくらいの愚痴は許容範囲だ。深刻な問題は「愚痴」とも言わない。

それを聞いた女性が、「そっか」で済ませたら、その女性はあなたを生理的に受け付けていないか、もう彼氏がいるか、またはそういう重い話が嫌いなのである。もっと、軽く楽しく生きている男と付き合いたいと思っている。そういう男と女の集まりを見学したことがあるが、女子たちはお金と男と遊ぶのが目的で、男たちにはなんら孤独感もなかった。

一方で、「そうなんだ。この人に、何かしてあげられないかな」と考える女性もいる。あなたはそんな女性と出会ったら、時間の許すかぎり、その女を大事にしないといけない。

顔も好みだったら、結婚を前提に付き合うことだ。

私は、「女嫌い」だが、そう公言するには理由があって、それを書き連ねる本でもないから割愛するが、個人は愛す。

女たちという集団は嫌いだが、目の前に立った女性の性格が女らしいのなら、その個人は好く。とても好きになる。

最後に、少し恋愛散文になってしまうが、もし、あなたが女を見る目がないとして、私からのアドバイスだ。

あなたの心痛な悩みを聞いた女性が何人かいたとして、いろんな言葉を作るだろう。

「わたしと今からカラオケに行かない？　そこでやってもいいよ。スッキリしなよ。元気出して」

と軽い言葉を作る女性も、

「今度、わたしの部屋に来ない？　得意料理があるんだ。スタミナつけないと仕事ができないぞ」

そんな清潔感のある言葉で励ましてくる女性と、両者に違いはあまりない。

どちらも同じく女神だ。

女神のような女を大事にして、孤独と仕事と闘い続けるんだ。

〈著者紹介〉

里中李生（さとなか・りしょう）

本名・市場充。1965年三重県生まれ。作家、エッセイスト。

20歳の頃に上京し、30歳でフリーライターから作家活動を始める。

時代に流されない、物事の本質を突いた辛口な自己啓発論、仕事論、恋愛論を展開する。

「強い男論」「優しい女性論」を一貫して書き続け、物事の本質をずばり突くその主義、主張、人生哲学は、男女問わず幅広い層から熱狂的な支持を得ている。著書累計260万部超。

代表作に『一流の男、二流の男』『できる男は「この言い訳」をしない』『男は一生、好きなことをやれ！』『成功者はみな、怒りを秘めている』『この「こだわり」が、男を磨く』『男はお金が9割』（三笠書房）、『一流の男のお金の稼ぎ方』『「死」を意識することで男は強くなる』『一流の男が絶対にしないこと』『男の価値は「行動」で決まる』（総合法令出版）、『「悩み」が男をつくる』『嫌われる男こそ一流』（フォレスト出版）など。

web小説「衝撃の片思い」も好評連載中。

公式サイト
http://satonaka.jp

本書は2014年11月発行の『「孤独」が男を変える』を一部修正したものです。

【新版】「孤独」が男を変える

2019年3月10日　　初版発行

著　者　里中李生
発行者　太田　宏
発行所　フォレスト出版株式会社
〒162-0824 東京都新宿区揚場町2-18　白宝ビル5F
電話　03-5229-5750（営業）
03-5229-5757（編集）
URL　http://www.forestpub.co.jp

印刷・製本　中央精版印刷株式会社

ISBN978-4-86680-025-7　Printed in Japan
乱丁・落丁本はお取り替えいたします。